薬師院仁志
Yakushiin Hitoshi

牧野出版

政治家・橋下徹に成果なし。

はじめに　――住民投票の残り火――

２０１５年５月17日、大阪市を廃止して５つの特別区に分割する、いわゆる「大阪都構想」の是非を賭けて行われた住民投票の投開票が行われた同日の22時34分、ＮＨＫテレビの画面に次のような字幕速報が打たれた。

大阪住民投票　反対多数確実　「都構想」実現せず　大阪市存続

この投票結果は――住民投票という決定方式自体が真に民主的であるか否かは別として[1]――法律の定める正当な手続きに基づいたものであり、いわば公式な最終決定である。そしてまた、橋下徹氏が代表を務める大阪維新の会の政策の1丁目1番地として、もともとあった大阪府知事の職を辞して市長に転出してまで「都構想」を進めてきた当の橋下徹氏自身が「何度もやるものではない。一回限り」（「産経ニュース」、２０１５年５月７日

(1) これについては、拙稿「住民投票栄えて国滅ぶ」「新潮45」第31巻第4号（通巻３６０号）新潮社、２０１２年４月18日（１３６頁～１４１頁）を参照。

19：17）と明言していた住民投票の決着でもある。とすれば、それが否決された以上、もう、「都構想」について民意を問う作業は終わったのだ。

賛成69万4844票（得票率49・6％）に反対70万5585票（得票率50・4％）と、僅差でかろうじて反対が上回るという、いかに熱い支持獲得合戦が展開されたとはいえ、正式な審判が下された以上、これを先頭に立って進めて来た橋下氏も、これを党の最重要政策としてきた維新の会も、そして、マスコミを代表とした世論、そして当の大阪市民ら関係者全ては、それを冷静に受け入れなければならないのである。

だが、今回の場合、そうはならなかった。なぜか、世論調査という名の〈再投票〉が行われ、正式な否決を否決するような見出しが、大新聞社のサイトに踊ったのだ。

『毎日新聞調査：大阪都構想否決「良くない」42％』（「毎日新聞」、2015年5月25日07：00）

『【本紙・FNN合同世論調査】大阪都構想否決「評価せず」が46％「評価する」上回る』（「産経ニュース」2015年5月25日22：45）

この世論調査について少し詳しく言うと、最初の記事では、「17日の投票結果について

『良かったと思わない』との回答は42％で、『良かったと思う』の36％を上回った」と報じられ、二番目の記事には、「『大阪都構想』が17日の住民投票で反対多数となったことを『評価しない』とする回答が46・4％となり、『評価する』の39・6％を上回った」と書かれていたのである。

だが、考えてもみよう。米国の大統領選挙で誰が当選し誰が落選しようとも、その結果に対して、「良かったと思う」か「良かったと思わない」かを問うような世論調査が果たして米国内で行われるだろうか。既に終わった選挙に対してわざわざ世論調査まで行い、その結果を盾に「お前たちは間違った大統領を選んだ」と指弾するかのような報道がなされるなど、普通は考えられない。そんな調査を報道機関が実施すること自体、米国の有権者に対する冒瀆だと言われても仕方あるまい。後になって部外者が何を言おうが、当事者たちは、正式な選挙結果に従って生きなければならないからである。

この大阪で行われた住民投票の場合でも、同じことだ。選挙であれ住民による直接表決であれ、有権者による実際の投票以上の民意や世論など存在しない。そうである以上、合法的な手続きに則って賛否が問われ、その正式な審判が下ったならば、その結果の善悪を問う世論調査など本来は有り得ないはずなのである。

だが、どういうわけか、大阪市における「大阪都構想」、いや、正確には、「特別区設置住民投票」に関しては、この有り得ないことが起こったのだ。それだけを見ても、この住民投票が、いかに特殊な事態であったかが推察されよう。

もちろん、世論調査でどんな結果が出ようとも単なる後の祭りであって、実質的には何の意味もない。それでも、そんな無意味な行為を大新聞社が行い、それを自分たちで勝手に報じたのである。

なぜ、このような調査が実施されたのか。言い訳や口実は山ほどあるだろうが、本音は明白である。「多くの部外者」が、「当事者による否決」という公式結果を直視できなかったからに他ならない。だからこそ、既に結果が確定している事柄に対して、それでも改めて賛否を問い直そうという動きが出たのである。敢えて極論すれば、何らかの形で〈リターンマッチ〉をしなければ気が済まない者が多くいたということだ。

少なくとも、調査を実施した新聞社は、その存在を感じ取ったに違いあるまい。かくして期待どおり、大阪市民が正式に下した審判に対して、「良くない」あるいは「評価せず」という多数派意見が集まり、それが世論として新聞サイトの見出しに踊ったのである。

だが、これらの世論調査に答えた人々、とりわけ「良かったと思わない」や「評価しない」と回答した人々は、大阪市で実施された住民投票に関して、どれほどの知識や情報を持っていたのだろうか。おそらく、大半の人々は、正確な内容を知らずに回答したに違いあるまい。というのも、そもそも〈大阪都構想〉なるものに関する住民投票などこの世に存在しなかったからである。当然のことながら、問われてもいないことが否決されるはずはない。それにも関わらず、何を「良かったと思わない」のか、何を「評価しないと判断したのだろうか。

現に行われた住民投票を「この世に存在しない」というのには実はわけあってのことだ。また、「大阪都構想」を〈大阪都構想〉とカッコ付きにしたのにも同様のわけがある。だがそれについて触れると話が長くなるのでここでは詳述しない。本書の中で徐々に説明していくつもりである。

もちろん、いきなり世論調査に対する回答を求められた人々には、何の罪もない。しかしながら、そんな回答には一片の根拠も正当性もないということだけは、厳然たる事実であろう。

ただし、たとえ根拠のない回答を集めた世論調査であれ、そのような行為が大新聞社によって実施されたこともまた、厳然たる事実である。さらには、たとえ根拠のない回答であれ、住民投票が正式な最終決定を下したにもかかわらず、それを「良くない」あるいは「評価せず」とした者が多かったこともまた、事実であるには違いないのである。

あたかも、住民投票という民意で決定されたことが愚かな選択であったかのような世論調査が行われ、それを大新聞が既成事実かのように報じる……。これは、恐ろしい事態だ。何かが、いつの間にか、根拠もなく既成事実化されているのである。

〈大阪都構想〉なるものの是非を巡る論争の渦中、大阪ではいったい何が起こっていたというのだろうか。

本書の課題は、この空虚な既成事実の実相を明るみに出すことにある。それはまた、橋下政治の本質を解明することでもある。私自身、大阪で生活する大阪市民だ。その当事者たる一人の大阪市民として、近年の大阪で何が起こったのかを正確に伝えたいと思う。そして、5・17住民投票が何であったのかを、冷静かつ論理的に分析したいと思う。何よりも、既に終わったはずの大阪都騒動に対する根拠なき妄想を払拭し、残り火の始末をするために。

もくじ

政治家・橋下徹に成果なし。

第三章 橋下政治の実態と虚像

第四章　橋下政治の本性

政治家・

橋下徹に成果なし。

薬師院 仁志／著

牧野出版

カバー写真○毎日新聞社
装　　丁○緒方修一／LAUGH IN
本文デザイン○小田純子

第一章　大阪で何が起こったのか

1 「大阪都構想」否決の背景

(1) 橋下維新による圧倒的な宣伝物量戦略

まずは最初に「大阪都構想」とは何かについて触れておかねばなるまい。

制度的な説明としては、政令指定都市である大阪市を解体、大阪府の下の5つの特別区に再編する地方自治の統治機構改革を意味する。

政治的な説明をすれば、2010年に当時は大阪府知事であった橋下徹氏が立ち上げた地域政党の「大阪維新の会」が党是とも言うべく掲げた最重要政策で、橋下氏や維新の会としては、是が非でも実現しなければならない政策を意味する。

橋下氏がこの政策を掲げた背景としては、大阪府知事時代に大阪府と大阪市が別々に行っていた水道事業の統合案などで、当時、大阪市長であった平松邦夫市長と対立、統合がスムーズに進まなかったという経緯がある。大阪府内にありながら、府と同等の権限を持つ政令指定都市が存在することで、府と市の権限が二分化する弊害が生じ、二重行政のムダが発生する。ゆえに、大阪市を解体して、23の特別区を管轄するような東京都のような行政システムに移行すれば、行政機構が簡素化し、広域行政もスムーズに行えるというわけである。

しかしながら、取水から供給まですべてを担う大阪市の水道事業と、域内市町村への用水供給だけを行う大阪府の水道事業とでは、そもそも性格や役割が異なり、二重行政ではないばかりか、現状下での完全統合など机上の空論に過ぎない。

ともあれ、2010年4月、橋下氏は、自分と政治的に意気投合した大阪の政治家らと大阪維新の会を立ち上げて、これを最重要政策として進め始めた。自らが対立した平松邦夫市長は〈都構想〉実現のための足かせとなるので、2011年には自ら市長選に出馬し、これを破った。はたまた、〈都構想〉の是非を巡って、公明・自民・民主・共産の4会派と議会が対立すると、改めて民意を問うとして2014年には出直し市長選挙まで行った(市長選挙の実施事態に4会派は難色を示して候補を擁立しなかったため、実質は橋下徹氏の一人選挙であったが、約6億円の公費を支出した)。

そうまでして実現させなければいけない政策であり、政治家・橋下徹と、大阪維新の会にとってはまさにレーゾン・デートルとも言える政策なのだ。そして、その是非を巡る最終判断である住民投票が今年5月17日に行われ、果たして、「大阪都構想」は大阪市民の判断によって否決されたのだ。

以上が「大阪都構想」のあらましであり、一時は「総理に一番近い政治家」とまでマスコミで持ち上げられた「政治家・橋下徹」がどうしても達成しなければならない政治的課題なのだ。まずここではその事を確認し、話を先に進めよう。

まえがきで「大阪都構想」を巡る住民投票で否決の結果が出たまさにその直後に、なぜか住民投票で下された民意の意義をさらに問うという、本末転倒というしかない世論調査が大新聞社によって行われ、ある種の世論操作が行われたことについて触れた。その世論調査で、住民投票での否決を「良かったと思わない」人々が多くいたことは、実は何ら不思議なことではない。それほど、大阪維新の会や橋下氏の政治宣伝が効果的だったということなのである。

事実、橋下氏は、そもそもの政治手法自体が、各種のメディアを巧妙に駆使しながら、期待感や改革イメージを広く浸透させることに成功してきた政治家なのだ。だからこそ、事後の世論調査においてさえ、正式な否決を否決するような結果が出たのであろう。

この状況に照らせば、橋下氏にとって、5・17住民投票は本来なら絶対に負けるはずのない勝負であったに違いあるまい。実際、早くも住民投票の実施が決まった頃から、その言動は、まるで勝者による威圧のようですらあった。例えば、住民投票に先駆けること約

3か月前の2月26日に開かれた大阪市会において自らの進退発言について質問された際、反対派市議に対して、次のような挑発を行っているのである。

これだけ時間と労力をかけて市民に否決をされたら、政治家を辞めなければならない。（都構想反対の野党市議も）住民投票で負けたら辞めてください（「産経ニュース」、2015年2月28日 11：00）

ここで言われている通り、住民投票で賛成多数なら反対派の議員は政治家を辞めろとまで言い放っているのだ。議会での正式な答弁の中でここまで言った以上、普通に考えれば、反対多数になれば大阪維新の会の市議は辞めるべきだということになる。[1] それでも敢えて挑発したのは、よほどの自信があったからであろう。かくして、橋下氏は、否決が確定した直後の記者会見においても——自らの政治家引退を改めて確約した上で——その理由の一つを次のように説明するのである。

負けるんだったら住民投票をしかけるべきじゃない。まず、その判断が間違ってる。住民のみなさんの考えを汲み取れてなかった、これは政治家としての能力が一番欠けているところです。

ここでも、橋下氏は、″勝てる〞と判断したから住民投票を仕掛けたということを認めているのだ。これは、勝手な思い上がりではない。事実、3月の府市両議会で、住民投票に諮られるための「都構想」の設計図と言える「特別区設置協定書」が承認されてからというもの、住民投票での否決を予想させるような雰囲気は微塵もなかった。少なくとも、大多数の人々は、賛成派が圧倒的に有利だと判断していたはずである。

もちろん、こうした判断の背後には、橋下氏のタレント人気や過去の選挙での実績といった要素があった。タレント人気が絶大であるのは言うまでもなかろうが、橋下という人は政治家として負けたことがない。維新の会を立ち上げて以後、大阪の地方選挙は負けなし。2014年の衆院選では、与党圧勝の逆風の中、小選挙区では議席を減らしたが比例で奮闘、踏みとどまった。比例で強みを見せたのはまさに橋下人気たる所以だろう。だが、それだけではない。大阪維新の会は、住民投票に向けて「テレビCMや大量のビラなどにも数億円を投じ、なりふり構わぬ物量作戦」（「毎日新聞」（大阪朝刊）2015年5月19日）

(1) ちなみに、府議会での正式会派名は「大阪維新の会都構想推進大阪府議会議員団」であったが、住民投票の翌日、そそくさと名称から「都構想推進」を消すことに決めた一方、政治家を辞めた議員は一人もいなかった。

を打つ構えだったからである。実際、「広報戦略を練る維新の若手議員」は「物量で押して共感を広げ、一票でも多く投じてもらいたい。乾坤一擲（けんこんいってき）、維新の予算を一気に突っ込む」と意気込んでいたのだ（「朝日新聞ＤＩＧＩＴＡＬ」、２０１５年４月14日12：55）。その具体的な様子は、以下のように報道されている。

大阪市を廃止し、５つの特別区に再編する大阪都構想の賛否を問う住民投票が５月17日に迫るなか、橋下徹・市長率いる大阪維新の会のＰＲ作戦がますます熱を帯びている。「ＧＷ中、どこに行っても橋下の顔、顔、顔。『もうええわ』とうんざりするほど見た」（大阪市在住の男性）。テレビでは「CHANGE OSAKA! ５・17」と書かれたＴシャツを着た人たちが次々と「チェンジ、大阪！」を連呼し、最後に橋下市長が「都構想で大阪をもっと住みやすく」と語るＣＭを繰り返し放映。市内にはラッピングトラックが走り回り、大型看板が10か所に設置されるなど、どこへ行っても住民投票の宣伝と鉢合わせる。今回の住民投票は公職選挙法に準じた扱いで実施されるため、有権者への飲食の提供や戸別訪問は禁じられる一方で、特定の候補者がいないためＣＭやチラシ、看板の数量については実質無制限。メディア戦略に長けた橋下市長はここが勝負所とみて、告示直後から大量にＣＭを打っている。維新の会が投入する住民投票の広報予算はおよそ５億円。

国政政党である維新の党が得た政党助成金や維新の会への個人寄付から捻出している。まさに党を挙げての全力投球だ。（「週刊ポスト」、２０１５年５月11日号。「橋下『5億円ＰＲ作戦』と既得権」）

(2) 大阪市での光景から

熱を帯びた「ＰＲ作戦」は、これらに留まるものではなかった。大阪市の主催で――もちろん大阪市の予算を使って――総計39回も開催された「住民説明会」にしても、実質的には橋下氏が自らの主張を訴える場と化していたのである。[(1)] 会場では「特別区設置は新しい大阪を創りあげる唯一の切り札」と書かれたパンフレットが配られた上、参加した市民から「まさに維新の会の橋下さんの主張で、賛成に誘導する意思が感じられる」という、説明会のあり方に疑問の声が上がっても、橋下氏は「これは僕の説明会ですから」と答えているのだ（「毎日新聞」（大阪夕刊）４月14日）。要するに、「僕の説明会」だから「誘導する」のは当然だと言わんばかりだったのである。

(1) 住民説明会の実態に関しては、適菜収＋本誌取材班「これぞ戦後最大の詐欺である」「新潮45」新潮社、２０１５年５月号に詳しい。

住民に対する説に要した費用

ビラ・パンフ製作費　…………	33,134,037円
周知ビラ等配布費用　…………	119,928,600円
説明会・会場諸費用　…………	21,406,180円
説明会職員超勤手当　…………	11,302,425円
合　計	185,771,278円

（大阪市政策企画室の資料より計算）

図表1　住民に対する説明に要した費用

これに対して、いわゆる反対派は、極めて厳しい状況に置かれていた。大阪では、市長も府知事も大阪維新の会、府議会も市議会もこれまでの橋下人気に支えられてきた維新の前に選挙では苦戦を強いられた結果、大阪維新の会に第一党の座を握られ、地元テレビ局でさえ、その圧倒的な影響力に気兼ねしたような状況だったからである。こうした中、大阪維新の物量作戦が明らかになった際には、早々と諦めムードさえ漂っていた。当時の報道は、その惨憺たる状態を次のように伝えている。

大阪市内のホテルでは自民党大阪府連の竹本直一会長が民主党府連の尾立源幸代表、連合大阪の山崎弦一会長と会談。民主党や連合などが約二千万円を出資して立ち上げた政治団体「府民のちから２０１５」を活用し、住民投票対策を進めることで合意した。……自民党府連の広報予算は「数千万円程度」（幹部）。市議団は都構想への疑問を投げかけるキャラクターの動画を50万円で作り、配信した。……民主党本部も追加出資には慎重だ。チラシや映像製作などは滞り、府民のちからに協力する企画会社の社長はため息をついた。「まさに竹やりで戦うような状態だ」（「朝日新聞ＤＩＧＩＴＡＬ」、２０１５年4月14日12：55）

維新の5億円に対して数千万円程度……。反対派は自民だけではないが、維新単独での5億円に対してあまりに物量が違いすぎる。中央政界、とりわけ改憲などをめぐる考え方で維新と近い官邸は、「都構想」に理解を示しがちな立場にある。中でも、橋下氏や党幹事長の松井一郎・大阪府知事と人脈的に近い、菅義偉・官房長官などは、「都構想」に理解を示す発言を行っていた。大阪自民党としては、中央の支援も得られず、孤立無援だったのである。

そういった背景もあり、どう考えても、初めから結果は見えていた。ほとんどの者、反維新の政党関係者らの多くでさえもがそう思っていたのだ。現実問題として、大阪維新の会や橋下氏の宣伝攻勢は、それほど巧妙かつ大量だ。その宣伝内容にしても、ほとんど言いたい放題であった。[1] となると、事後の世論調査において、否決を「良かったと思わない」と答えた者が多くいたこともまた、何ら不思議ではあるまい。

だが、投票日が迫って来るにつれ、信じられないような事態を目の当たりにすることになる。今まで政治的な運動と関係が薄かった人々、ましてや公衆の面前で政治的な訴えなどしたことのなかった多くの人々が、ビラを持ち、旗を掲げ、時にマイクを握って街に繰り出し始めたのだ。故・ルーキー新一氏——大阪では笑芸史に残る著名人——の名文句を借りれば、まさに「これはエライことですよ」という光景が繰り広げられたのである。

シルバーカーを押した高齢女性が手作りの旗を振り、ネクタイをした紳士や学生風の若者が一人でハンドマイクを握り、メタボ風の男性が手書きのプラカードを掲げ、オバちゃんばかりの数人組がメガホンを持ち、それぞれの流儀で反対を訴えていたのである。そして、1000人規模の運動員を動員し、約500台もの街宣車を走らせた大阪維新の会に対して、必死で自転車を漕ぐ反対派市議も一人や二人ではなかったし、橋下氏に敗れた前市長の平松邦夫氏は、徒歩で反対運動を続けていた。さらには、大阪市の存続を訴える音楽家たちが大阪市歌のサンバアレンジを制作するなど、言わば勝手連的な動きが、どこからともなく湧き上がって来たのである。

これらと並行して、一方的な情報氾濫に問題を感じた学者たちも動き始めた。京都大学教授で〈都構想〉に疑問を唱える著書もある藤井聡氏と立命館大学の森裕之教授の呼びかけに応じる形で、中央防災会議「防災対策実行会議」の委員である河田恵昭氏、日本学術会議の委員であった宮本憲一氏、元京都府立大学学長の広原盛明氏、衆議院平和安全法制特別委員会中央公聴会で公述人を務めた北海道大学教授の山口二郎氏を始め、神戸大学名誉教授の早川和男氏、大阪大学教授の小野田正利氏、僧侶でもある相愛大学教授の釈徹宗氏、著作も多数あり、様々なメディアで橋下政治を批判し続けてきた内田樹氏など、百人を超える学者・識者たちが――専門分野や政治的立場を超えて――〈大阪都構想〉の危険性を指摘する「学者記者会見・説明会」に賛同したのである。

一方で、専門家の間で〈都構想〉を積極的に評価する声はとんと聞かれることはなかった。なるほど、大阪維新の会のウェブサイトで紹介されているように、いわゆる〈大阪都構想〉に賛成する学者もいた。すなわち、上山信一氏（慶應義塾大学教授・経営コンサルタント）、佐々木信夫氏（中央大学教授）、堺屋太一氏（元経済企画庁長官・作家）、高橋洋一氏（元大蔵財務官僚・嘉悦大学教授）という現職または元職の大学教授である。ただし、これらの先生方は、「学者記者会見・説明会」に賛同した人々より遥かに有名なのかも

(1) 具体的には、拙稿「デマゴーグ『大阪維新』、跳梁跋扈す」「新潮45」、２０１５年6月号を参照。

しれないが、全て橋下市長の下で大阪市特別顧問を務めた人々だという点を見逃してはならない。端的に言えば、身内なのだ。公式サイト上に「多くの有識者が都構想に賛意を示しています」と記しながら、身内以外の学者の名前を一人も挙げられないということなのである。

街頭に立って〈大阪都構想〉なるものを宣伝する人々もまた、ほぼ同様であった。少なくとも私が実際に目にしたのは、揃いのTシャツを来たグループ、おそらくは大阪維新の会が組織的に動員したであろう運動員ばかりだったのである。つまるところ、こちらも大半は身内だということであろう。しかも、これまた私の主観ではあるが、その中には非関西人が多く含まれている印象であった。実際、投票結果から見れば賛成派の市民も多くいたはずなのだが、町内会でも商店街でも、その具体的な顔が見えにくかったのである。

国会では2015年9月、安倍晋三首相の肝いりによって、いわゆる安全保障関連法案が可決された。それが解釈改憲か否かは別としても、少なくとも国民への説明が十分だったとは言えまい。そのごり押しとも言うべき法案可決に、多くの一般市民が国会前に押しかけ、デモを行ったのは周知の事実である。大阪で繰り広げられた光景もこれと同じだった。ただし、安保法案は多くの市民の声が届かず可決されてしまったが、大阪では住民投票で賛否が問われたために、市井の声が政治を決めることができた。そこが違いだった。

❷〈大阪都構想〉なるものが問われたのではない

橋下氏は、自らの言う〈大阪都構想〉に関して、「反対する議員には、民意に対する潔さがない。議員個人の意見として反対でもいい。でも最後は潔く住民投票で決めたらいいじゃないか」（「朝日新聞DIGITAL」、2014年3月27日05：23）と主張していた。そして、この主張どおりの方式で、「最後は」否決されたのである。ただし、否決されたのは〈大阪都構想〉ではない。そんなことを問う住民投票は、そもそも実在しなかったからである。

先ほど、9月18日に国会で可決された安保法案の例を引き合いに出したが、安保法案も中身が複雑で政府の説明は二転三転、それが一般市民の反感を買った。この点でも〈都構想〉は良く似ている。〈都構想〉のメリットとして橋下氏や維新サイドは「二重行政の解消」、5つに再編する特別区がこれまでの大阪市より住民に近い行政サービスをキメ細かく行うという「ニア・イズ・ベター」というメリットばかりは繰り返し述べるものの、具体的な制度の中身については意図的に説明を先送りしつつ二転三転し、また、中身も複雑で一般の住民にはなかなか分かりづらいものだった。安保法案の採決同様、表決に持ち込んでしまえばこちらの勝ち。そんなごまかしのような姿勢が明らかだった。

では、大阪都構想の"住民投票が実在しなかった"とはどういうことか。

なるほど、大阪維新の会が大量に頒布したビラやポスターには、確かに「5・17は大阪都構想の住民投票へ」と書かれていた。だが、実はここからして既に話がおかしいのだ。正確に言うならば、5月17日に大阪市で実施されたのは、「特別区設置住民投票」であって、「大阪都構想の住民投票」ではない。実際に行われたのは、「大都市地域における特別区の設置に関する法律」(略称:特別区設置法)に基づき、大阪市を廃止して特別区を設置するか否かを、大阪市民にのみ問う住民投票なのである。

これでは少し分かりにくいので、さらに説明を続けよう。

この特別区設置法なるものは、市町村合併の反対の手続きを定めていると考えれば、かなり理解しやすいだろう。つまり、小さな市町村を合併して大きな市を作る市町村合併とは逆に、大都市を廃止解体して複数の特別区(=市に準ずる基礎的地方公共団体)に分割する手続きを定めているのである。

ただし、単に大都市を廃止して特別区に再編するというだけでは、あまりにも抽象的で賛否を表明しようがない。そこで、その具体的な中身を記したのが、「特別区設置協定書」である。正式な投票案内に「特別区設置協定書に賛成の場合は『賛成』と特別区設置協定書に反対の場合は『反対』と記入してください」と書かれているとおり、5月17日に賛否を問われたのも、この「特別区設置協定書」であって、〈大阪都構想〉ではない。だからこそ、正式な投票案内にも、賛成多数の場合は「特別区設置協定書にもとづき大阪市が廃止され特別区が設置されます」としか書かれていないのである。[(1)] つまり、仮に住民投票で〈都構想〉の賛成が上回ったとしても、「大阪都」ができるわけではないのだ。

あまりにも当然のことながら、住民投票の結果がどうであれ、大阪府は大阪府のままであり、大阪都ができるわけではない。たとえ大阪市が消滅しようとも、大阪府は大阪府のままであり、大阪府内に政令指定都市として存在する堺市は指定都市のままである。ところがそんなチグハグな行政機構改革でしかないにもかかわらず、大阪市の廃止分割は現大阪市の政策であるため、その移行費用や成否のリスクを負担するのも、第一義的に大阪市民となる。だからこそ、大阪市の有権者だけに投票機会が与えられたのだ。

ここで、本書の「はじめに」で紹介したテレビの字幕速報や新聞記事を思い出そう。

(1) なお、投票広報や投票用紙に記された「大阪市における特別区の設置についての住民投票」という表現に対しては、立命館大学の村上弘氏が、次のような問題を指摘している。
「投票用紙自体に、『大阪市における特別区の設置についての住民投票』と書かれ、大阪市を残したまま区を特別区に昇格させると誤解させうるものだった。もし投票用紙が、『大阪市の廃止』を明記する公正中立なものであれば、「反対」票はもっと増えて「賛成」票に差をつけていただろう。分かりにくく詐欺的ともいえる投票用紙は、今後の国民・住民投票で、繰り返してはならない事例として記憶するべきだ。」（月刊「Ｗｅｄｇｅ」、２０１５年７月号「ｉＲＯＮＮＡ」より転載）。

大阪市における特別区の設置についての住民投票

投　票　日：5月17日(日)

投票時間：午前7時〜午後8時

投票できる人

●当該区の住民基本台帳に記載されている日本国民の方で
　＊平成7年4月13日までに生まれた方で　＊平成27年1月2日までに大阪市に転入しその届け出をされた方

●すでに大阪市内の選挙人名簿に登録されている方が市内間で住所を異動された場合
　＊平成27年4月13日までに転入届け出をされた方は新住所地で
　＊平成27年4月14日以降に転入届け出をされた方は旧住所地で
　それぞれ投票できます。

投票の方法

特別区設置協定書に賛成の場合は、「賛成」と特別区設置協定書に反対の場合は「反対」と記入してください。「賛成」「反対」は「ひらがな」または「カタカナ」で記入しても有効です。他のことを記入すると無効になります。

特別区設置協定書に賛成の場合

↓

平成27年5月17日執行
大阪市における
特別区の設置についての投票
（注　意）
一　特別区の設置について賛成の人は賛成と書き、
　　反対の人は反対と書くこと。
二　他のことは書かないこと。

賛成

特別区設置協定書に反対の場合

↓

平成27年5月17日執行
大阪市における
特別区の設置についての投票
（注　意）
一　特別区の設置について賛成の人は賛成と書き、
　　反対の人は反対と書くこと。
二　他のことは書かないこと。

反対

賛否の決定

今回の住民投票は投票者数にかかわらず成立し、賛成の票数が有効投票(賛成票と反対票を合計した総数)の半数を超える場合は、特別区設置協定書にもとづき大阪市が廃止され特別区が設置されます。反対の票数が有効投票の半数以上の場合は、特別区は設置されません。

協定書の閲覧

●特別区設置協定書は、次の場所で平日の午前9時から午後5時30分までの間、閲覧ができます。
　・行政委員会事務局選挙部事務室(大阪市役所地下1階)
　・各区選挙管理委員会(具体的な場所は各区役所にお問い合わせください。)

●期日前投票期間は期日前投票所で、投票日当日は各投票所で閲覧ができます。

図表2　投票整理券に同封された正式な案内

大阪住民投票　反対多数確実　「都構想」実現せず　大阪市存続
『毎日新聞調査：大阪都構想否決「良くない」42％』
『【本紙・FNN合同世論調査】大阪都構想否決「評価せず」が46％　「評価する」上回る』

これらは、どれも不正確である。賛成多数でも反対多数でも「都構想」など実現しないし、大阪市民が否決したのは「特別区設置協定書」であり、〈大阪都構想〉ではない。そもそも、「特別区設置協定書」には、〈大阪都〉も〈大阪都構想〉も〈都構想〉も、ただの一度たりとも登場しないのだ。すなわち、そんなものは、5月17日の住民投票とは全く何の関係もない言葉なのである。

それにも関わらず、多くのマスコミは、投票結果が出た後も〈都構想〉や〈大阪都〉という用語を使い続けた。なぜ、そうなったのか。

3 中央政界からも「羊頭狗肉」との指摘

先出の「大都市地域における特別区の設置に関する法律」の第七条では、「関係市町村の長は、前項の規定による投票に際し、選挙人の理解を促進するよう、特別区設置協定書の内容について分かりやすい説明をしなければならない」と規定されている。今回の場合は、大阪市長が「特別区設置協定書の内容」について説明しなければならなかったのだ。だが、市長たる橋下氏は、終始一貫、「特別区設置協定書の内容」に全く書かれていないことを喧伝し続けた。そして、テレビを中心とするマスコミもまた、その発言を垂れ流し続け、結果的に事実の周知を妨げたのである。

実際、自由民主党の谷垣禎一幹事長は、4月15日、「『都構想』という立派な名前で呼んでいるが、要は『羊頭狗肉』だ。大阪市を解体して弱くするだけだ」(「産経ニュース」、2015年4月15日17:56)と指摘していた。これまでの説明で「羊頭狗肉」の本当の意味も分かるというものだろう。谷垣氏の指摘は、非常に的確である。

一方、このような批判に対して、橋下氏は大阪維新の会のウェブサイト上に「デマにご

図表3　大阪維新の会によるポスター

注意！大阪都構想」という動画コーナーを設け、その中の「都構想が実現しても『都』にならない？」という項目において、「名前もきちっと変わります」、「住民投票が可決された瞬間に、もうこれは大阪都になるんです」と明言していたのである。これではどちらがデマかという話であるが、少なくとも最低限言えるのは〝住民投票で可決された瞬間に大阪都になる〟などという言辞は、「特別区設置協定書の内容について分かりやすい説明をしなければならない」という法規定から完全に逸脱しているということだ。

さらに言えば、正式な投票案内に

図表4　大阪維新の会が配付したビラ

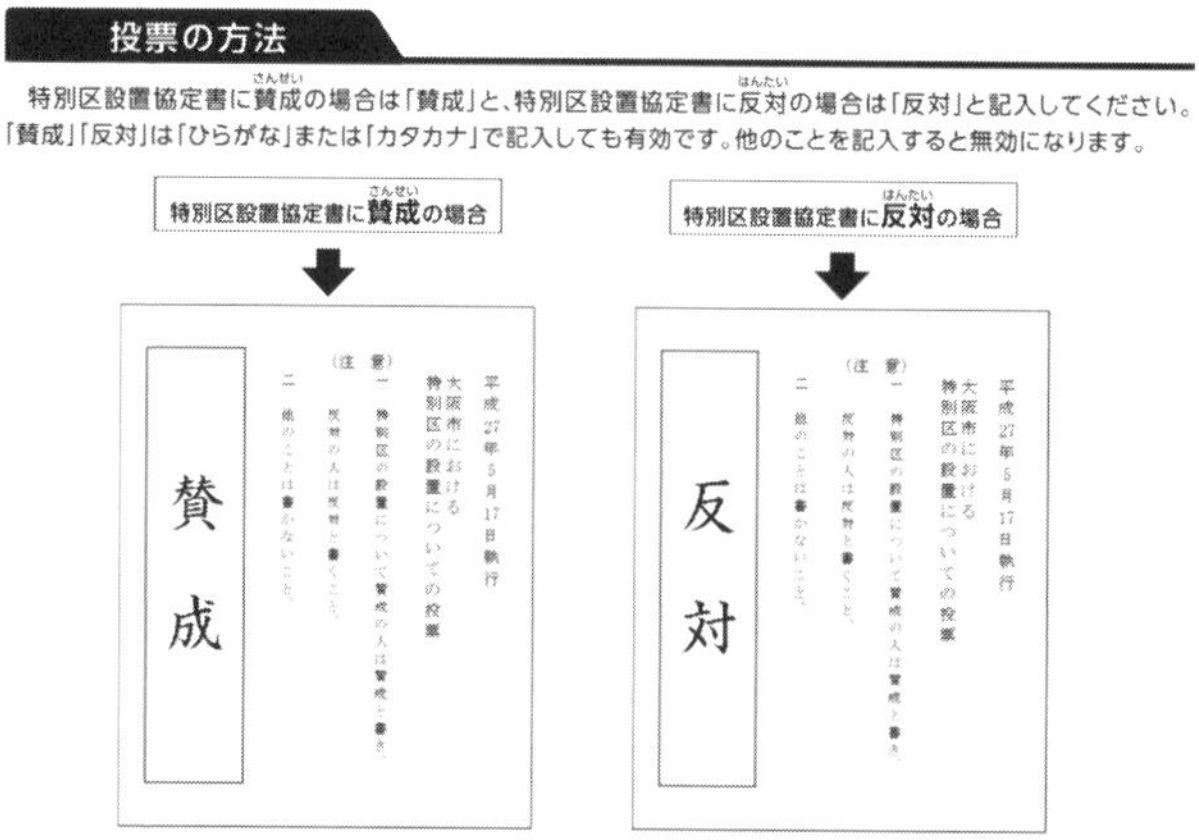

図表5　『特別区設置協定書について（説明パンフレット）』大阪市より

は、「大阪市が廃止され……」という文言が明記されているにも関わらず、橋下氏は、「大阪市は廃止・解体されるの？」という項目については動画中で、「大阪市が廃止とか解体ではなくて、大阪市役所、大阪府庁という役所組織を一から作り直すということです」と述べているのだ。まさに、「デマにご注意！大阪都構想」という他はあるまい。

ではなぜ、正直に「大阪市は廃止されます」、「大阪府は大阪府のままです」と言わないのか。なぜ、「特別区設置住民投票」という正式名称を使わず、「大阪都構想の住民投票」なる架空の呼称を用いたのか。正確な情報を伝えることに、何か不都合でもあるのだろうか。

いずれにせよ、正確に言う限り、否決されたのは〈大阪都構想〉ではない。もちろん――そうした正確な情報を隠しながら橋下氏と大阪維新の会が〈大阪都構想〉のメリットとして喧伝するところの――「毎年4000億円の経済効果」、「身近な自治の拡大」、「住民サービスの向上」（実はこうしたメリットもごまかしが潜んでいるのだが）などに対する反対運動が起こり、それらが住民投票で否決されるわけもない。そんなメリットばかりの案に反対する市民が実在すれば、アホウの集まりだと言われても仕方ないだろう。

4 中央論壇の橋下応援団に見る当事者意識の欠如

先述のとおり、橋下代表が率いる大阪維新の会は、住民投票に際して巨額の資金を投じ、反対派を圧倒する「PR作戦」を展開した。それにも関わらず、なぜ否決という審判が下ったのか。

ごく普通に考えれば、いくら大金を使ってPRしたところで、政策そのものに問題があったので多くの反対を受けたということになろう。だがそうとは思わない人々もまた――根拠は全く不明だが――少なからず存在するようである。特に、橋下氏のメディアを使った情報のみに注目し、〈都構想〉の中身の正確な理解はおろか、派手な政治手法を好奇なものとして迎え入れる当事者意識に欠けた、中央での発言を行う人々である。例を挙げよう。

東京新聞の論説委員で、政府の有識者会議のメンバーなども務める長谷川幸洋氏の発言。

「はっきり言うが、住民投票で負けたのは『主張が正しくなかった』からではない。正しい政策を受け入れるだけ、大阪市民の理解と決意が十分に熟していなかった」(1)

堀江貴文氏の発言。

「既得権益を得ている人が反対した。今現在、既得権益を得ている人たちにとっては現状維持がベストの選択肢ですから、全体の最適化や将来のベネフィットがどうなろうが、そんなことには構わず都構想反対に回るでしょう。さらに住民投票でも判断力があまりない層を狙ってキャンペーンを展開します。……住民投票で勝とうと思うのであれば、そういう層に対してポピュリズム的に一時的なベネフィットを提示すれば良かったのですが、そ

(1)「長谷川幸洋『ニュースの深層』」、「現代ビジネス」２０１５年５月22日

れを潔しとしなかった。その辺が敗因でしょうね」(1)

国際政治学者、三浦瑠麗氏の発言。

「今回の住民投票は、現代の日本にあって、変化を望む側が、変化を拒む側を説得することの難しさを改めて浮き彫りにした。……大阪は、これまでどおりの衰退の傾向に戻るはずである」(2)

経済学者、池田信夫氏の発言。

「反対派は何も対案を出さず、ただ既得権を守れと主張するだけだった。……大阪の高齢者は死ぬまで既得権を守り、財政赤字を増やし続ける『安楽死』を選んだのだ。それは彼らにとっては合理的な選択だが、残された都市は空洞化し、スラム化する」(3)

これらの言辞を綜合すると、「既得権益を得ている人」や「変化を拒む側」が反対したことに加え、「判断力があまりない層」など「大阪市民の理解と決意」が不足していたため、「正しい政策」が否決され、大阪は「衰退」し、さらには「スラム化」するということになろう。要するに、橋下氏の主張に問題点があったからではなく、投票者の過半数が馬鹿か因循姑息だったから否決されたというわけである。

だが、その根拠は何なのか。大阪市の廃止分割は、本当に、反対する方がおかしいほど「正しい政策」なのだろうか。それに反対することは、本当に「ただ既得権を守れと主張」するような愚挙に過ぎないのだろうか。

なるほど、大阪府知事にして大阪維新の会の幹事長でもある松井一郎氏は、住民投票前の3月15日、「反対の方々に都構想はデメリットがないことをしっかり伝えたい」（「産経ニュース」２０１５年3月15日）と述べていたし、橋下氏もまた、街頭演説などにおいて、「デメリットは『ない』と明言していた」（「毎日新聞」（大阪朝刊）２０１５年4月26日）。

5 ではなぜ大阪市民は否決を選んだのか

しかしながら、欠点も副作用もリスク（危険性）も全く伴わない政策など、この世に存在するのだろうか。どう考えても、自分たちの政策には「デメリットがない」と喧伝する

(1)「ホリエモン的常識第34回」、「ダイヤモンドオンライン」２０１５年6月2日
(2)「大阪都構想　影響が大きい『政治論としての』敗北」、「ｉＲＯＮＮＡ」２０１５年5月18日
(3)「大阪都構想を拒否した高齢者は大阪の『安楽死』を選んだ」、「ニューズウィーク日本版オフィシャルサイト」２０１５年6月2日

こと自体が、まず納得できないのである。

実際、すでに２０１４年10月22日の大阪市会本会議において、自民党や公明党の議員が、協定書は「不備があり、市民に悪影響を及ぼす」と指摘していた。問題は、この指摘に対する橋下市長の反論である。

都構想にも問題点はあるが、今の大阪府庁、市役所の体制よりましだ。（「日本経済新聞」（電子版）２０１４年10月23日）

橋下氏は、議会という正式な場で「問題点はある」と自ら認めた政策について、市民に対しては、デメリットなど「ない」と明言していたのである。これでは、理解は得られまい。多くの市民は、大阪市を廃止分割することの長所と短所を比較検討した上で態度を決めようとしていたはずである。だが、橋下氏は、最後までデメリットの説明をしなかった。

そのことは、事前の世論調査の結果にも現れている。産経新聞社等が3月中旬に行った調査(1)でも、日本経済新聞社とテレビ大阪が4月下旬に行った調査(2)でも、橋下氏ら関係者の「説明が不十分」という解答は、実に70％にも達していたのである。

普通の判断力を持った人間なら、「デメリットがない」政策など本当に存在するのかと疑問に感じるだろう。さらに言えば、「都構想にはデメリットがない」という発言と、「都構想にも問題点はある」という発言は互いに矛盾していると感じるだろう。そのように感じた人々は、決して「判断力のあまりない層」ではあるまい。あるいは、過半数の投票者が「都構想にはデメリットがない」という言辞を信じなかったからといって、正しい政策を受け入れるだけ、大阪市民の理解と決意が十分に熟していなかったということにはならないだろう。いや、「決意」が欠けていたことだけは、事実なのかもしれない。というのは、橋下氏は、自著の中で次のように明言しているからである。

大阪都構想は、ある意味で実験です。……結果はやってみなければわからないこともあるでしょう。(3)

橋下氏自身が、「実験」だと明言しているのだ。そうである以上、長谷川幸洋氏が指摘す

(1)「産経ニュース」２０１５年３月15日。なお、この世論調査では、賛成が43・１％、反対が41・２％であった。
(2)「日本経済新聞」（電子版）２０１５年４月30日。なお、この世論調査では、橋下市長を支持するが43％、支持しないが40％であった。
(3) 橋下徹・堺屋太一『体制維新——大阪都』文春新書２０１１年・50頁

るとおり、大阪市民は、自ら進んで「実験台」になる「決意」を欠いていたに違いあるまい。だが、大阪市民を実験台にすることが、なぜ「正しい政策」なのか。少なくとも大阪市民にとっては、この点が大いに疑問なのだ。さらに疑問なのは、田原総一朗氏の次のツイートに見られる、他人が実験台になることを面白がる態度である。(1) 当然のことながら、一人一人の大阪市民の人生は、田原氏を面白がらせるためにあるのではない。

橋下徹氏が敗れた。僕は大阪都構想で変えるのが面白い、地盤沈下の大阪に活力を蘇らせる事になるとおもっていたので残念だ。高齢者に反対が強かったようだ。橋下氏のキャラクターが嫌われたのかもしれない。(2015年5月18日 18：14)

ところが、橋下氏自身の発言にしても、住民投票の直前になると、にわかに尻すぼみになっていった。先述したように、各方面から多くの批判を浴び、苦しい弁明をせざるを得なかったのであろう。実際、5月9日の街頭演説では、ほとんど自棄糞のような発言をしていたのである。成果がどうであれ、とにかく大阪市を潰すということであろうか。

大阪維新の会代表の橋下徹大阪市長は西区の公園付近で街頭演説し「都構想で大阪が必

ず発展するか分からないが、1ミリでも前に進むならやるべきだと」と訴えた。（「大阪日日新聞」2015年5月10日）

いつもの橋下節にすれば非常にトーンダウンしたかなり弱気な発言と言える。常に極端なもの言いで強迫観念的に支持を取り付ける橋下氏の言動といえばそれらしくもあるが、ここでは逆効果だろう。というのも、常識的に判断すれば、たった1ミリしか前進しないのなら、大阪市を潰してしまう前に考え直すべきだからである。1ミリのメリットなら実験に失敗するリスクの前には耐え難い。要するに、「反対」こそが合理的な選択なのだ。これはもう、既得権益を守るとか守らないとかいう次元の話ではない。否決という結果は、「安楽死」が選ばれたのではなく、むしろ大阪市の「犬死に」が却下されたと理解すべきなのである。

橋下氏の派手な政治手法は、ある意味で、大阪を見世物のようにしてしまったのだろう。だからこそ、橋下氏に市長選で敗れ一市民として活動する平松邦夫氏が、住民投票前に街頭に立って〈都構想〉反対を訴えた際に、「大阪をおもちゃにさせへん」と訴えたのであ

(1) 田原氏は、2012年1月28日放送の「朝まで生テレビ」の中で、橋下氏が「大阪都構想は、ある意味実験です」と述べていることを認識していたが、問題視していなかった。

る。

実際、大阪の状況を他人事のように論じる態度は、田原氏に始まったことではない。池田信夫氏もまた、橋下氏について「彼が大阪府知事だったころから賛否両論があったが、私は応援してきた。……彼の政治手法には批判も多いが、私は大阪の中なら少しぐらい暴れてもいいと思った」[1]と述べていたのである。だが、なぜ「大阪の中なら」暴れてもいいのか。むしろ、「私は応援してきた」と言うのなら、是非とも自分の暮らす自治体で暴れて欲しいと訴えるべきだろう。なんとも無責任な発言と言うほかあるまい。批判の多い政治手法に巻き込まれた大阪市民は、見世物ではない。

結論を言えば、住民投票で否決されたのは「主張が正しくなかった」からである。次章では、その根拠を示そう。反対票を投じた人々は、論拠もなく、事実もなく不名誉を断じられる筋合いはないからである。

(1)「池田信夫ｂｌｏｇ」２０１４年２月２日

第二章　橋下政治の１丁目１番地
――「大阪〈虚〉構想」の真相

❶「二重行政解消」という謳い文句のまやかし

これまで説明してきたように大いに問題がありつつも、橋下氏と議会で多数派を占めた大阪維新の会が半ば強引に導入を主張し続けて来た〈大阪都構想〉について、橋下氏は、その最大の成果を、「二重行政の解消」だと主張し続けて来た。つまり、東京と言えば東京都しかないのに、大阪には大阪府と大阪市の二つがあり、その二つの大阪が別々に行政を担うのが問題だと言うのだ。従って、大阪市なんか潰して一つの行政組織の「One Osaka」なるものにしてしまえば、今までは府知事と市長の二人がいた「広域リーダー」が一人になり、府と市で重複して行っていた二重行政のムダは自動的に解消するというわけである。端的に言えば、「One Osaka」とは「一つの大阪、一人のリーダー、一つの行政」という趣旨ということだろう。橋下氏は、その意志の勝利を目指したのだ。

ちなみに、日本国なんか潰して、中国が日本列島や朝鮮半島からインドシナ半島まで全て統治する「One Asia」を作れば、領土問題は自動的に解消する。えっ、そんな無茶苦茶なって――。じゃあ対案を出せ!!　ただ「反対」と言うだけじゃなくて対案だ対案!!!

これが、橋下氏が住民投票以前までずっと繰り返してきた論法である。脚ごと切り落とせば慢性的な水虫から解放されると言っているようなもので、普通に考えれば論理の飛躍でしかない。これがなぜか通用してしまった。例えば、田原総一朗氏にしても〈大阪都構想〉の具体的内容を棚上げにしたまま橋下氏の行動を支持し、次のように述べている。

橋下さんは大阪を良くするために、大阪都構想を提案したが、反対派がそれに代わる対案をもっているかといえば、なにもない。ただ、「反対」と言っただけだ。……あれだけのキャラクターの人は、日本の政治家にはあまりいない。僕は、橋下徹が政治家をやめることには反対だ。(1)

話を戻そう。たしかに、大阪市は指定都市（政令指定都市）なので、多くの面において――警察や農林水産行政等を除き――都道府県と同等の権限を持っている。敢えて大雑把に言えば、大阪には――府と市という形で――強い権限を持つ自治体が二つあり、それぞれが独自に行政を行い得るということになろう。橋下氏は、これが無駄を生むと主張するのだ。そして、指定都市としての大阪市の諸権限を奪い、それらを大阪府に一本化すれば効率的だというわけである。

なるほど、机上の理屈では――あまりにも短絡的だが――そう考えられるかもしれない。だが、その影響を直接的に蒙る当事者であれば、現実問題として、こんな単純な形式論だけで納得する者は多くなかろう。反対者に「対案！」と叫ぶ前に少しばかり思考を巡らせれば、いくつかの疑問が生じるのである。たとえば、そもそも二重行政は本当に悪なのか？大阪市を廃止して５つの特別区に変えれば二重行政は解消するのか？府市二重行政の解消による経費負担や副作用はどうなるのか？　といった疑問である。

橋下氏は、二重行政の典型として、「府市における類似施設」の存在を挙げる。具体的には、大阪市立中央体育館と大阪府立体育会館、大阪市立中央図書館と大阪府立中央図書館（東大阪市に存在!?）である。その上で、大阪市を廃止することで市立の方の施設を潰せば、二重行政が解消されると主張するのだ。

だがこの場合、本当に考えるべきことは、「図書館や体育館が二つあること」自体ではなく、「二つあることが果たして本当に無駄なのか」どうかという点であろう。たとえ二つあろうが、両方とも稼働率が高く有効利用されているのなら、置いておけばいいのである。むしろ、稼働率が高いものの一つを潰してしまえば、使いたくとも使えないという不自由が住民の間に生じてしまう。そのことに関して、２０１１年10月に、『大阪維新——橋下改

(1)「ＢＬＯＧＯＳ」２０１５年5月18日。なお、先に示したとおり、池田信夫氏もまた、「反対派は何も対案を出さず、ただ既得権を守れと主張するだけだった」と述べている。

革が日本を変える』の著書があり、もともと橋下氏の政策ブレーン的存在で、同年12月から大阪市特別顧問を務めることになる、いわば身内とも言える上山信一氏によって、正しくも次のように喝破されていたことは皮肉とも言える。

図書館が府と市で二つあって無駄だとかそんなけち臭い話は、昔、財界が指摘したが小さな話。稼働率が高けりゃ置いとけばいいし、改善が進んでいる（府も市もあほじゃない）。今回の都構想では「二重行政問題」はほとんど議論していない。（10月27日付ツイート）

これは、極めて重大な指摘である。上山氏の指摘の意図をそのまま推察するならば、「府と市で二つあって無駄だとか」いう発想そのものが「けち臭い」「小さな話」に他ならず、「都構想」においては「二重行政問題」など議論にさえ値しない事柄だということになろう。実際、たとえ住民投票によって大阪市の廃止が承認されたとしても、市立中央体育館や市立中央図書館までもが廃止されることにはなっていなかったのである。

事実そんな措置が実施される予定などないことは、大阪市の公式サイト内にある「住民説明会における質問票への回答について」[(1)]の中に既に示されていたのだ。すなわち、二つの体育館、図書館については、「現状では果たしている役割が異なるため、当面は現施設を有効活用する」と明記されていたのである。

つまるところ、たとえ住民投票の結果が賛成多数であれ反対多数であれ――市立という看板はなくなるかも知れないが――実質的には何も変わらないということなのだ。橋下氏や維新らがメリットとして主張していたところの二重行政の解消という謳い文句は実は空証文にすぎない。むしろ、都構想が現実化した暁には、ただ単に、そのための初期費用や長期ランニングコストとして巨額の税金が無駄になるだけである。

これを簡単にまとめると――

■住民投票で賛成多数→現施設を活用。
■住民投票で反対多数→現施設を活用。

(1) 大阪府立体育会館は大相撲やプロボクシングなどの会場としてよく使用されるし、大阪市立中央体育館はＦＩＶＢワールドカップバレーなどの国際大会の会場となることも多い。となると、一般市民の体育活動の場を確保するには、府と市が手分けして施設を運営する必要が生じて来る。また、大阪市立中央図書館は西区の図書館という役割も持っているし、大阪府立中央図書館は府下市町村の図書館を支援するという機能も果たしている。実際、「住民説明会における質問票への回答について」の中でも、「府市の中央図書館の役割は、特別区の設置によって、直ちに変わるわけではありません」と明記されている。

なお、大阪市立大学と大阪府立大学にしても、公立の大学が二つあること自体が無駄だということにはならない。東京都には11もの国立大学があるのに対し、大阪府には二つしかない。府と市が一つずつ分担して大学を持つことは、この状況を補うという面で有効なのである。

■反対派の主張＝巨費を投じた大阪市廃止こそ無駄なので反対。
■橋下氏や橋下氏を支持する田原氏らの主張＝反対派は対案が何もない。

という図式となる。

それでも橋下氏は、図書館や体育館を槍玉に挙げながら、「府市における類似施設」の存在を執拗に攻撃し続けたのだ。つまり、住民投票の結果がどう転ぼうとも何も変わらない事柄を振りかざして、ただ「賛成を！」と訴えたのである。

さらに、住民投票の直前になると、身内の有識者の中からも、次のように喧伝する者が現れた。かつて、「都構想では『二重行政問題』はほとんど議論していない」と明言した張本人である上山氏が、住民投票直前の２０１５年４月25日のラジオ番組のインタビューの中で、次のよう述べているのである。

大阪市の地下鉄やバスは大阪市内のみをカバーしていて、市を超えると走っていない。大阪市周辺も都市化してきており、全体のことを考えると、大阪市だけというのは範囲が狭すぎる。また、大阪府と大阪市で図書館や体育館など同じ施設を持っていて無駄が多い。[1]

ここまで来れば、もう議論も何もしようがない。橋下氏や橋下氏を支持する人たちは、反対派を批判する際に必ずと言っていいほど、「反対派は対案を出せ」という。やはり橋下氏支持を表明する池田信夫氏は、「反対派は何も対案を出さず、ただ既得権を守れと主張するだけだった」（先出）と言うが、対案を出す以前に〈都構想〉自体が一貫性を欠く主張である以上、それに対して対案も何も出しようがないだろう。巨費を投じて現状を変更する意味が全く不明である以上、ただ一言、「反対」と言って却下すれば十分なのである。

ちなみに、大阪市営地下鉄の場合、「北花田駅」と「新金岡駅」と「なかもず駅」は堺市、「守口駅」と「大日駅」は守口市、「高井田駅」と「長田駅」は東大阪市、「門真南駅」は門真市、「江坂駅」は吹田市、「八尾南駅」は八尾市に存在する。そして、大阪市営バスもまた、少しだが市境を超えており、松原市、守口市、門真市、東大阪市に入り込んでいる。つまり、客観的な事実として営地下鉄も市バスも市外まで延びているのであって、上山氏の「市を超えると走っていない」という事実認識そのものが間違っているのだ。橋下

(1)ラジオ日本「細川珠生のモーニングトーク」２０１５年４月25日放送（Ｊａｐａｎ　Ｉｎｄｅｐｔｈ　２０１５年５月４日より）

府政時代から大阪府の特別顧問を務め、橋下氏が大阪市長に転じてからは大阪市の特別顧問を務めるというように、何年にもわたって大阪の行政を見て来た人物がなぜこんなことを言うのかは、まったく不明である。

2 スローガン「One Osaka」の狙いは大阪市解体

橋下氏は、大阪府と大阪市の二重行政を攻撃し、「One Osaka」を主張した。しかし、大阪市を潰して特別区を設置したところで、広域自治体と基礎自治体という二重構造そのものが変わるわけではない。大阪府と大阪市という関係が、大阪府と特別区に変わるだけである。しかも、大阪府と大阪市なら自治体の総数は二つなのに対して、大阪府と5つの特別区なら、それが6つになってしまうのだ。はたして、それが効率的なのだろうか。

例を挙げよう。橋下氏は、図書館や体育館だけではなく、美術館や病院や産業関連施設なども、無駄な二重行政だと捉え、府市での統合を主張していた。事実、大阪維新の会が2011年に出した『大阪都構想推進大綱』にも、美術館や博物館などの「一体的な経営」や「公的病院の一体経営」といった諸提案が登場するのである。

しかし、大阪市を廃して特別区に再編したところで、各種施設の一体経営が実現するわけではない。都構想が手本とする東京の事例を垣間みても、都立の病院とは別に台東区立台東病院が存在するし、都立の美術館の他に板橋区立美術館など複数の区立美術館や博物館が設置されているのである。なるほど、大阪市を潰せば、大阪市と大阪府の類似施設は消えるのかもしれない。だが、看板が市立から区立に変わったところで、何の意味もなかろう。

先に、いったん大阪を離れて距離を置いた国政レベルの政治家には都構想が孕んだ矛盾が素直に見えている例として、谷垣禎一氏の発言を上げた。同じ指摘として石破茂氏もこんな発言を残している。

住民が区長や区議会議員を選ぶ特別区を作って、大阪市の出先機関でしかない区役所から、より住民に身近な特別区に移行が出来たとしても、それで二重行政は構造的に生じなくなるのか。素朴な疑問は残ったままでした……[1]。

(1) 石破茂オフィシャルブログ２０１５年5月22日。なお、大前研一氏もまた、「橋下市長に私は賛同し、期待していた」とする一方、「市が特別区に替わっただけでは二重行政は何も解消されない。二重行政をなくそうとするなら大阪市のままでも十分に可能で、この点では反対派の主張の方が正しい」と述べている。(「橋下徹君へ「なぜ君は敗北したか教えよう」ＰＲＥＳＩＤＥＮＴ　Ｏｎｌｉｎｅ　２０１５年7月1日)

さらに、府知事時代の橋下氏が市との事業統合を巡って当時の平松邦夫市長と決裂し、橋下氏らが都構想を持ち出すきっかけとなった水道事業などに至っては、意味がないどころでは済まない。大阪市を潰すとなると、当然のことながら、それまで大阪市が担っていた業務を、どこかが引き継がなければならなくなる。普通に考えれば、新たに設置される5つの特別区が引き継ぐか、あるいは大阪府が引き継ぐかのどちらかになるだろう。だが、現時点で大阪市の地下に敷かれている水道管は、今さら5つにチョン切るわけにもいかなければ、にわかに隣接市と繋ぐわけにもいかない。要するに、特別区も大阪府も引き継げないのである。こうした事例は、水道だけではない。大阪市が担っている事務のうち、特別区も大阪府も引き継ぐことのできないものが、国民健康保険や介護保険なども含め、約120も存在するのだ。ではどうするのか。解決策として示されていたのが、5特別区が共同で参加する「一部事務組合」によって処理するというプランである。(1)

つまり、巨費を投じて大阪市を5つの特別区にバラバラにすれば、バラバラでは出来ない仕事が続出するので、結局それらを共同で行う組合を新たに作るという次第である。これでは、大阪府、特別区、巨大な一部事務組合の三重行政になってしまう。たしかに、二重行政ではないに違いないが3つになったのではさらにお話にならない。ちなみに、東京23区の場合、一部事務組合は——協議会も含め——5つしかない。(2)

※一部事務組合

一部事務組合の本来的な典型例は、「○×地区消防一部事務組合」といった組織であろう。人口が非常に少なく、滅多に火事など起きない村々が、それぞれに自前の消防署を持つのでは効率が悪い。そこで、近隣の村々が共同で消防署を設置・管理しようというわけである。村（自治体）が担う事務の「一部」である消防を、共同で「組合」を作って担うのである。そうすれば、現実問題として、経費削減という面では効率的なのだろう。だが、一部事務組合は、あくまでも次善の策なのだ。消防業務だけを考えれば、各自治体に自前の消防署がある方が良いに決まっているのである。

さらに、住民自治の観点からすれば、一部事務組合には問題が少なくない。一部事務組合は法的には特別地方公共団体なので、長（管理者）もいれば議員もいる。参加する自治体からの代表者が集まって、共同の業務について話し合うのである。東京都の場合、一部事務組合の管理者や議員は、そのほとんどが各特別区の区長や区議会議長によって

(1)　一部事務組合が担う事業数は特別区事務の約７％だが、事業費は６４２５億円に上る。平成25年度の堺市の予算規模（全会計）が６５８２億円であったことと比べると、いかに巨額かが理解できよう。
(2)　特別区競馬組合、特別区人事・厚生事務組合、東京23区清掃一部事務組合、東京23区清掃協議会、臨海部広域斎場組合。

占められている。区の代表者なのだから、実際問題、そうならざるを得ない。とは言え、そうなると、管理者も議員も時の多数派与党の政治家ばかりになってしまうのだ。そこでは、様々な党派による議論は成立せず、多様な民意が反映される余地もない。かなりの民意が、あたかも〈死に票〉のごとく切り捨てられてしまうのである。これでは、身近な住民自治とは言い難いだろう。

このことは、都構想がそのメリットとして掲げる「ニア・イズ・ベター」の主張にも当てはまる。橋下氏らは、これまで市が持っていた権限をより住民に身近な5つの特別区に移譲し、特別区のトップは選挙によって選ばれるため、より民意が反映した住民サービスが実現されるとする。しかし、いくら区長公選制を実施しようが各区で議会を持とうが、多くの案件が一部事務組合によって処理されるのなら、各区が独自に決められる事務が減るということであり、住民の声が届きやすいという理屈は成り立たない。しかも、一部事務組合は特別区から徴収する分担金で運営されるので、その分だけ各区が自由に使える予算が減ることになる。この点から見ても、巨大な一部事務組合の設置は身近な住民自治と逆行すると言わざるを得ない。

道路行政となるとさらに問題は複雑だ。現行の大阪市は指定都市なので、国道（指定区間内を除く）、府道、市道を含め、市内を走る道路を一括して管理している。だが、大阪市を潰すと、市道は特別区道等に寸断され、府道や国道は大阪府の管理に移されてしまう。現行では一括管理であるものが、５つの特別区に大阪府を加えた六重行政になるのである。これまた、二重行政ではないには違いないが。

百歩譲って、二重行政であれ三重行政であれ六重行政であれ、大阪市が担って来た業務が何らかの形で引き継がれて円滑に機能するのであれば、住民の生活に支障をきたすことはないのかもしれない。だが、実際に大阪市を潰してしまえば、新たな担い手がなく宙に浮く危険性のある業務さえ数多く存在するのだ。というのも、特別区も一部事務組合も引き継げない事務は、大阪府が引き継ぐしかないのだが、府に移す市の２６９事業のうち、現行の法律で府県に権限があるのは特別支援学校や医療法人の認可設立事務など35事業に過ぎないという事実が大阪市会で指摘されているからである。

ところが、この指摘に対する橋下氏の回答は、「法律で決められた権限だけで自治をやるのは古い発想」（「毎日新聞」（地方版）２０１５年２月28日）というものであった。もはや本業である弁護士の発言とはとても思えないのである。

3 府と市の対立、いわゆる「ふしあわせ」は過去の遺物

橋下氏や大阪維新の会は、かつてバブル期に府と市が「西日本1」の高さを競って建設し合ったとされる「りんくうゲートタワービル」や「ワールドトレードセンタービルディング」（以下：WTC）などの経営破綻を「府市二重行政の弊害」だと非難する。なるほど、写真を掲げて視覚に訴えるには好個の題材だし、単純明快で分かり易い主張であるに違いあるまい。

だが、それは独自の見解に過ぎず、一般に共有された認識ではない。これを二重行政の産物とすることは確かに分かりやすい構図ではあるが、これまでの研究では、りんくうゲートタワービルやWTC等の失敗は、バブル期に乱立した第三セクターの問題として位置づけられているからである。

たとえば、国立国会図書館が発行する調査論文集に掲載された「第三セクターの経営悪化要因と地域経済」という論文では、「WTC」の問題を、北海道の「釧路フィッシャーマンズワーフMOO」や宮崎県の「シーガイア（フェニックスリゾート）」や長崎県の「ハウステンボス」と同様、「第三セクター破綻」として取り上げられている。(1) また、参議院調

査室が発行する調査情報誌に掲載された「臨海三セクの債務処理と再生」という論文は、「りんくうゲートタワービル」も「ＷＴＣ」も、「主な第三セクターの倒産」（表）に含めている。[2]しかも、これらの論文には、「二重行政」なる言葉は、ただの一度たりとも登場しないのである。

施設の破綻に直面した当事者たちの認識もまた、これらと変わるものではない。実際、２００３年６月20日、破綻した大阪市の第三セクター三社の社長が謝罪会見を開き、その中で、ＷＴＣの社長は、次のように述べているのである。

バブル期の計画で、過大投資をしたのが最大の原因……地価がこれほど下落し続けるとは思っていなかった。甘んじてご批判を受けたい。（Kyoto Shinbun 2003・06・20 News（共同））

(1) 深澤映司「第三セクターの経営悪化要因と地域経済」「レファレンス」国立国会図書館調査及び立法考査局、55（7）（通号654）２００５・７
(2) 山田宏「臨海三セクの債務処理と再生――臨海新都市開発と臨海型大規模工業基地開発」「立法と調査」、参議院事務局企画調整室（編）、（通号２５８）２００６・７

（表1）主な第三セクターの倒産（負債額300億円以上）

平成年月	態様	所在地	企業名	負債額（億円）	資本金（億円）	業種
9.9	民事調停	大阪府	(株)泉佐野コスモポリス	607	10	地域開発
11.9	特別清算	北海道	苫小牧東部開発(株)	1,423	60	工業団地開発
12.9	特別清算	青森県	むつ小川原開発(株)	1,852	60	工業用地造成開発
13.2	会社更生	宮崎県	フェニックスリゾート(株)	2,762	3	リゾート施設経営
13.3	民事再生	東京都	(株)多摩ニュータウン開発センター	384	18	商業ビル賃貸・管理
14.10	民事再生	北海道	石狩開発(株)	651	20	不動産取得・造成・分譲
15.2	会社更生	長崎県	ハウステンボス(株)	2,289	30	テーマパーク運営
15.6	特定調停	大阪府	(株)大阪ワールドトレードセンタービルディング	982	94	ビル賃貸・管理、展望台等
15.6	特定調停	大阪府	アジア太平洋トレードセンター(株)	1,263	221	ビル賃貸・管理等
15.6	特定調停	大阪府	(株)湊町開発センター	554	80	複合交通センターの運営等
16.11	特定調停	大阪府	クリスタ長堀(株)	320	19	地下街・駐車場経営
16.11	特定調停	大阪府	(株)大阪シティドーム	511	97	多目的ドーム等の経営
17.3	民事再生	東京都	東京ファッションタウン(株)	898	172	ビル賃貸等
17.3	民事再生	東京都	(株)タイム二十四	497	25	ビル賃貸等
17.4	会社更生	大阪府	りんくうゲートタワービル(株)	463	150	ビル管理・運営
17.5	民事再生	福岡県	(株)スペースワールド	351	20	テーマパーク運営
18.5	民事再生	東京都	(株)東京テレポートセンター	1,170	176	ビル・施設管理、情報通信
18.5	民事再生	東京都	東京臨海副都心建設(株)	1,440	220	ビル賃貸・管理運営
18.5	民事再生	東京都	竹芝地域開発(株)	1,190	150	ビル賃貸・管理運営

（備考）1. 帝国データバンク、東京商工リサーチ等による。
2. (株)泉佐野コスモポリスは、民事調停成立後、10年10月に特別清算を申立
3. (株)大阪シティドームの特定調停は成立せず、17年10月、会社更生に移行

図表6

２０１１年11月28日に大阪市が公表した「ＷＴＣの特定調停に関する調査報告書（概要）」にしても、結論は同じだ。ここでも、ＷＴＣを破綻させた第一の原因として、「バブル経済」や「民活」といった要因が挙げられている一方、「二重行政」なる言葉は用いられていないのである。

これらの調査報告書の見解によれば、「りんくうゲートタワービル」と「ＷＴＣ」の破綻を「府市二重行政の弊害」だとする一般的に流布された見方は、実はかなり的外れということなのである。常識的に考えて、大阪市住之江区の「ＷＴＣ」は、泉佐野市に「りんくうゲートタワービル」が建てられ

たから破綻したわけではあるまい。両者の距離は、30キロ近くあるのだ。仮に「りんくうゲートタワービル」が存在しなかったとしても、「WTC」は、宮崎県の「シーガイア（フェニックスリゾート）」や長崎県の「ハウステンボス」と同様、バブル崩壊によって頓挫していたに違いない。民間活力というバブル期の流行思想が、第三セクターの乱立を正当化してしまったのである。

そもそも、たとえ経営破綻の原因が何であれ、今さら30年前の計画を批判したところで、その失敗を取り返せるわけではない。府市再編がどうであれ、それで「次世代にツケ」が残らないわけではないのだ。さらに言えば、「弊害」なるものの代表例として、わざわざ30年前の計画を持ち出すということは、逆に、近年の「弊害」が見当たらないことの証拠であろう。破綻の原因が本当に「府市二重行政」なら、バブル期という時代に関わらず失敗例がなければおかしいのである。

さらに言えば、もし「りんくうゲートタワービル」と「WTC」の破綻が「府市二重行政の弊害」であり、いわゆる〈都制〉を敷けば防げるというのなら、東京では同様の失敗は起こらないことになる。だが、表「主な第三セクターの倒産」を見てみよう。そこには、「東京ファッションタウン」や「タイム二十四」など、東京における6件の事例が挙げられているのである。それでも東京都の財政が大阪府のように起債許可団体に陥ることなく豊かなのは、失敗を犯していないからではない。事実は、逆なのだ。多くの大企業が存在する東京都は、その大企業が直接的あるいは間接的にもたらす税収に支えられて豊かだからこそ、失敗が死活的な問題を生まないだけなのである。

ひるがえって、東京のような財力を持たない大阪において、行政の仕組みを変えるためだけに数百億円もの巨費を投じることは、次世代にさらなるツケを残すことにならないのだろうか。しかも、その巨額投資のスローガンが「二重行政の解消」というのでは、始めから論理が破綻していたとしか思えないのである。さらに言えば、これまで論述してきたように、その論法が依って立つ事実認識さえ根拠薄弱なのだ。

いずれにせよ、本質的な問いは一つだ。もし「りんくうゲートタワービル」さえ立たなければ――府市二重行政の弊害も起こらず――「WTC」は成功したのか？　短絡的に「対案」だとか「既得権益」だとか叫ぶのではなく、この問いを直視しなければならない。なぜなら、二重行政の解消を旗印とする橋下氏の主張の信憑性は、この問いに対する解答に全てかかっているといっても過言ではないからである。

4 「都」になれば成長するという虚妄

大阪維新の会は「都構想特設サイト」の中で、かつて東京にも東京府と東京市が存在した歴史を引き合いに出し、「70年前、東京も二重行政に苦しんでいた」ことを挙げ、「解決策は体制改革」すなわち「東京府と東京市を東京都と特別区に再編」することだったと指摘している。なるほど、短絡的に府と市の二重行政の解消という点だけをみれば、そうなのかもしれない。しかし、それで当時の東京都民の暮らしが豊かになったわけでもなければ、住民サービスが向上したわけでもなく、総合観光リゾートが誘致されたわけでもないだろう。単なる府市二重行政の解消は、それ自体を自己目的化しても無意味なのである。

ここで、歴史を少し振り返ってみよう。１９３６年（昭和11年）２月26日、いわゆる二・二六事件が勃発する。陸軍の一部将校が「昭和維新」という旗印を掲げて反乱を起こし、政府閣僚らを殺害したのである。これ以後、日本は急速に軍国主義色を強めてゆく。そして、戦時下の１９４３年（昭和18年）７月には、東京に都制が敷かれ、東京市が廃止されたのだ。もちろん、その目的は、霞ヶ関をぶっ壊すことでもなければ、身近な住民自治の実現でもなく、既得権益の打破でもなかった。ましてや、身を切る改革といった類いのものとは全く無関係であった。その目的が何であったのかは、時代背景に照らせば容易に想像できよう。事実、同年12月に東京都庁から出された『東京都制実施に関する記録』には、次のように記されているのである。

皇都は大東亜共栄圏の政治経済文化の指導都市として決戦の真只中にあり、其の戦時行政への消長は直に国運の隆替につながりをもち皇都の興廃は戦力を決定的に左右するものであつて、茲に強力なる行政機構を確立することは戦争完遂、大東亜共栄圏建設の為に絶対の必要条件であると謂ふも過言ではない。(1)

端的に言えば、都制の目的は、「戦争完遂」と「大東亜共栄圏建設」に向けた「強力なる行政機構を確立」することだというわけである。二重行政の解消にしても、その目的は、あくまでも「強力なる行政機構を確立」することであった。すなわち、「帝都に於ける従来の府市並存の弊を是正解消し帝都行政の一元化にして強力なる遂行を期す」（同記録）というわけである。戦争完遂という目的のために、強力な行政権による一元的管理が求められたのだ。

たしかに、司令塔を一つにした上意下達型の統制システムは、中央からの管理が容易であるには違いあるまい。だからこそ、〈軍部独裁〉と呼ばれた時代状況の中で、東京市は――市民の意志が考慮されることもなく――潰されてしまったのである。もちろん、現在の東京都の経済力は、そんなこととは全く関係がない。この点については、２０１２年に大阪市の特別顧問に就任した佐々木信夫（中央大学経済学部教授）が、その前年、実に的確な指摘を行っている。

> 外向きには司令塔を一本化して強い大阪をつくる。内に対しては政令市を分割して市民自治を強化する。さらに周辺の市町村には大阪の中心部からあがる税金で大阪全体をレベルアップさせると主張している。この3つが並び立つのかと思う。……都になっても国から権限や財源が移るわけではない。つまり、大阪というコップのなかで仕事を入れ替えるだけ。二重行政の無駄を省くとしても、3つを成り立たせるためには、現在の大阪市の行政サービスの水準を下げて、財源を生み出すしか手はない……都になれば成長するわけではない。東京が繁栄しているのは企業の本社機能が集まっているためで、都制という自治制度とは関係ない。[2]
>
> ※傍点著者

実を言えば、〈大阪都構想〉に対する批判は実はこの一言で尽きてしまうのである。こう

(1)「東京都制実施に関する記録」東京都庁長官官房文書課、１９４３年、２頁（近代デジタルライブラリー）。なお、原文は旧字体である。

(2) この問題に関しては、森裕之「大阪都構想の欠陥と虚構」「世界」２０１５年５月号（岩波書店）が非常に正確な分析を提示している。

いった当たり前の指摘の前では、本書で構想を批判するのさえバカらしく思えてくる。ということで、「都になれば成長するのか」という議論は、もう終わりにしたいというのが本音ではある。

さらに、橋下氏への鋭い批判で知られる京都大学教授の藤井聡氏もまた、「東京の繁栄は『都区制度』のおかげではなく、『一極集中』の賜物」（「日本経済新聞」（電子版）２０１１年12月11日）だと指摘している。藤井氏の見解は――大阪市特別顧問に就任する前の――佐々木氏の発言と一致しているのである。(1)

ところがこういった一致した見解であるにもかかわらず、橋下氏は佐々木氏を「有識者」とする一方で、藤井氏に対しては、お得意のツイッターで「バカ学者の典型」で「とんでもない嘘八百を言っている」と非難する。大阪市の特別顧問を務める、佐々木信夫氏や上山信一氏や堺屋太一氏や高橋洋一氏ら、いわば身内の学者・識者を「有識者」とし、橋下氏らに批判的な意見を述べる学者や識者に対しては、時にツイッターでこきおろすなど、一切認めない姿勢を示す橋下氏のスタンスについては前述した通りではある。

だが、そんな橋下氏のツイッターでさえ、その主張を子細に検討してみると、矛盾が含まれているのだ。例えばこんなツイートがある。

国土強靭化でお馴染みの藤井聡教授が大阪市の税収が大阪市以外に使われると騒いでいます。大阪市は市外の人達にも支えられているということが分かってない。（２０１５年1月27日２：26ツイッター）

なるほど、橋下氏が指摘するとおり、藤井氏が「大阪市の税収が大阪市外に使われる」という趣旨の発言をしていることは事実である。具体的には、次のような指摘である。[2]

・大阪市民は年間２２００億円分の『財源』と『権限』を失う
・２２００億円が様々に「流用」され、大阪市民への行政サービスが低下する恐れ

だが、これとて佐々木氏の見解と全く同じであろう。佐々木氏は、「都になっても国か

(1) 藤井聡『大阪都構想が日本を破壊する』文春新書２０１５年4月・23頁。または http://www.mitsuhashitakaaki.net/2015/01/27/fujii/
なお、この藤井氏の指摘に対して、倉田哲郎氏は次のようにコメントしている。倉田氏の意見に従えば、今の大阪には辞めるべき政治家が山ほどいることになる。倉田哲郎氏のブログ（２０１５年2月8日）より一致しているのは、佐々木氏と藤井氏だけではない。２０１５年3月15日付の「大阪日日新聞」社説にも、「東京都が豊かな理由は、都区制であるからではなく、首都であり経済の中心であるからだ」と記されている。

(2) 前掲書および前掲ウェブサイトに同じ。

図表7　経済人・大阪維新の会のビラより

ら権限や財源が移るわけではない」、さらには「都になれば成長するわけではない」という客観的事実に立脚した上で、いわゆる〈大阪都構想〉を実現するには、「現在の大阪市の行政サービスの水準を下げて、財源を生み出すしか手はない」と明言しているからである。早い話、大阪市から財源を奪うということだろう。莫大な費用と何年もの時間を費やしてそんなことをしても、「次代を拓く切り札」になるはずがあるまい。

ところが、やはり橋下氏の後ろ盾の一人であり、橋下応援団の堺屋太一氏（大阪市特別顧問）が最高顧問を務める「経済人・大阪維新の会」が住民投票前に配ったビラには、「大阪都構想で経済活性！　生活の向上を実現！」という見出しの下、大阪市を潰して特別区に再編すれば「大阪府総生産」が右肩急上昇するような「イメージ」が載せられているのだ。これこそ、まさに文字どおりのイメージ戦略以外の何ものでもない。堀江貴文氏は「将来のベネフィット」（先出）と言うが、そんなものは、この程度の「イメージ」でしか示せないのである。いったい、どのような根拠で将来のベネフィットが生まれるというのだ。

５ 財政モデルの実体は、大阪府による「大阪市のＭ＆Ａ」

佐々木氏と藤井氏が指摘した〈都構想〉による大阪市からの財政流出についてもう少し見てみることにする。

正式な資料から始めよう。この図は、２０１３年８月９日の「大阪府・大阪市特別区設置協議会（法定協）」で提示された財政調整案（２０１２年度の金額を基準に作成）である。これを見ると、いかに先ほどの佐々木信夫氏の指摘が的確であるかが理解できよう。

図中の「６１７３億円」というのは、新設される特別区の一般財源総額が、五区全体で６１７３億円だということを示している。なお、現行の大阪市の一般財源総額が

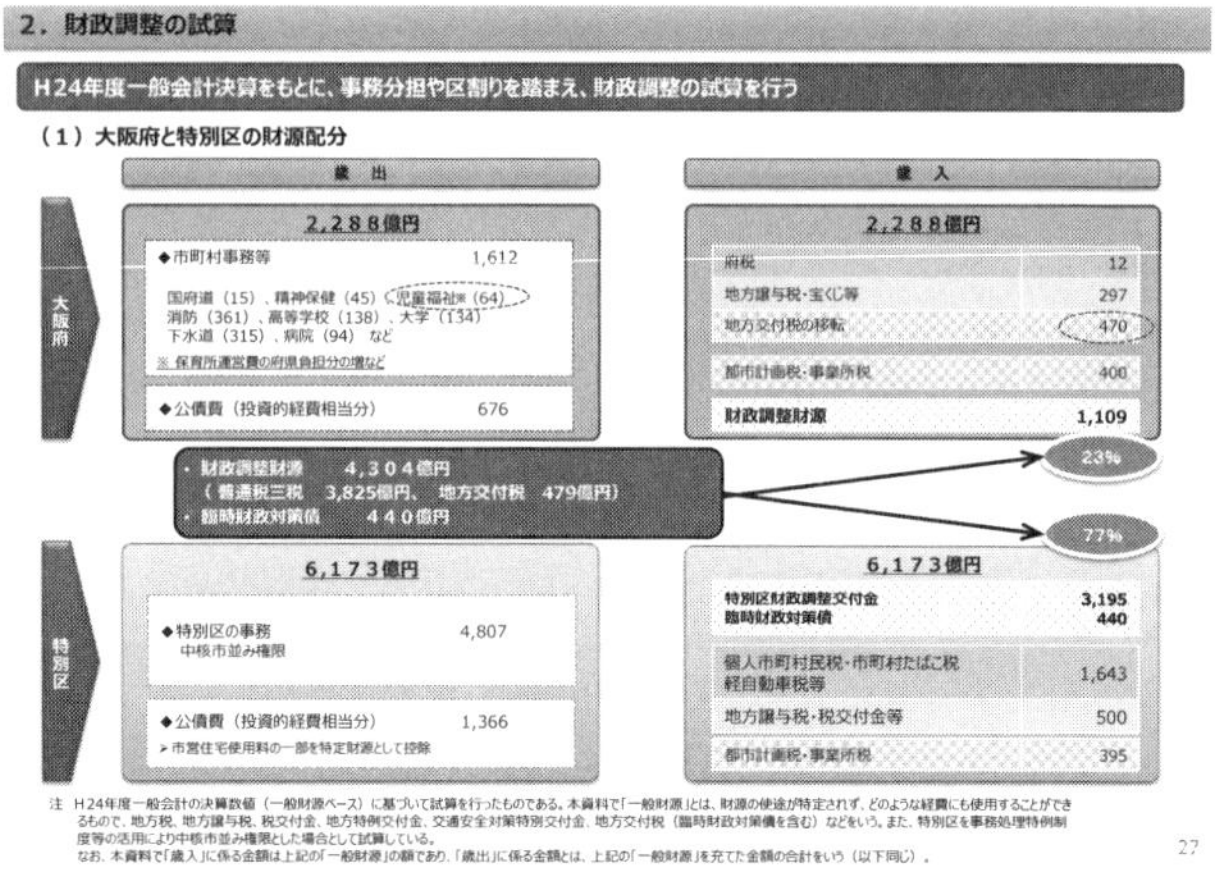

図表8　第16回 大阪府・大阪市特別区設置協議会資料（2014.7.18）

8461億円である。その差額が、図中の2288億円。つまり、現行の大阪市の一般財源総額のうち、2288億円が大阪府に委譲されてしまうというわけである。端的に言えば、大阪市民は2288億円の財源を失うのだ。(1)

・現大阪市の一般財源総額
　＝8461億円
・新特別区の一般財源総額
　＝6173億円（5区合計）
差額＝2288億円→流出分

まさに、「国から権限や財源が移るわけではない。つまり、大阪というコップのなかで仕事を入れ替えるだけ」なのである。そうである以上、佐々木氏が言うように、「現在の大阪市の行政サービスの水準を下げて、財源を生み出すしか手はない」のであって、大阪市の財源が流出するのも自明なのである。

新たに作られるとされた特別区は、財源の金額が少ないだけではない。ただでさえ少ない金額に加え、特別区が自らの権限で自由に使える自主財源率も低いのだ。現行の大阪市は、自主財源として6270億円の税収を持っている。これを一般財源総額と比較した場合、自主財源比率は4分の3弱となる。これに対して、特別区の自主財源は1643億円に過ぎない。これを一般財源総額と比較すると、その自主財源率は4分の1強でしかないのである。

・大阪市の自主財源＝固定資産税、個人市民税、法人市民税、事業所税、都市計画税、特別土地保有税、煙草税、軽自動車税。
　→6270億円

(1) この問題に関しては、森裕之「大阪都構想の欠陥と虚構」「世界」2015年5月号（岩波書店）が非常に正確な分析を提示している。

・特別区の自主財源＝個人市民税、煙草税、軽自動車税→1643億円

←現行の大阪市の税収が4分の1強に減ってしまう。

これに対して、橋下氏や大阪維新の会の側は、公式サイトの「都構想のQ&A」の中で、「これまで大阪市域で使われた必要な財源はそのまま大阪市域内の特別区で使われますので、問題はありません」という反論を行っている。

そもそも、このQ&Aは、「大阪市の税収は4分の1に減ってしまうの？」という最も肝要な質問には全く答えてない。そして、税収（つまりは収入）の問題を、「使われる」金額（つまりは支出）の問題に掏り替えているのである。しかも、その支出先が、「大阪市民」ではなく「大阪市域」とされているのだ。これまた、論点の摺り替えに他ならない。実はこの点こそまさに「大阪市域」に居住する現大阪市民にとって極めて重要な問題を孕んでいるのだ。

つまり、「大阪市域内の特別区で使われ」るというのは、単なる場所の問題に過ぎず、大阪市民（新特別区民）のために使うわけではないからである。府の施設の場所を「大阪市域内」にしさえすれば「問題ありません」という主張なのだ。これでは、大阪府が「大阪

市域内」に巨大カジノを作ろうとも、第二ワールドトレードセンタービルを建てようとも、新アジア太平洋トレードセンターを開設しようとも、全て「大阪市域内の特別区で使われ」たことになってしまうだろう。要するに、府の意向によって「大阪市域」に市域住民（現大阪市民）の要望に反する施設（例えば迷惑施設）が作られたとしても、それが市域住民のために使われた金額としてカウントされてしまうということなのである。

さらに言えば、（都と特別区および特別区相互間の財源の均衡化を図る）「財政調整制度を通じて、中核市並みの事務を担うに十分な財源が確保されています」という説明もまた、看過できるものではない。流出する２２８８億円のうち、「財政調整財源」に充てられるのは、半分未満の１１０９億円に過ぎないからである。逆に言えば、残りの１１７９億円は、大阪府の一般会計に直入することになるのだ。これでは、お金に色や印がついていない以上、使途を確認することなど不可能だろう。

なるほど、大阪市を潰した後、市債の約３割は大阪府が引き継ぐことになるので、その返済のための財源も府に移すという理屈は——少なくとも机上では——成り立つかもしれない。ただし、大阪市が消滅すると大阪市債の発行も止まるので、その返済は必ず終わりを迎える時が来るはずである（そうでなければ無計画だ）。だが、だからと言って、府に委譲された財源が特別区側に戻って来るわけではない。結局のところ、示された財政案にしても、長期的な視野を欠く短絡的な図式なのである。

なお、藤井聡氏は、「特別区の人口比が3割の大阪では東京のような『大都市行政』は困難」[(1)]だと指摘している。これもまた、橋下氏がツイッターで「嘘八百」と決めつけたようなものなどではなく、極めて論理的な分析に基づいている。やはり都構想の矛盾を指摘する立命館大学教授の森裕之氏による明快な解説を読めば、そのことが理解できるだろう。

大阪府内の人口分布が特別区の財源確保を政治的に難しくするという問題がある。大阪府には2015年2月現在で885万人の人口があるが、そのうち大阪市には269万人（30％）しか居住していない。これは人口の7割近くが23特別区に住んでいる東京都の状況とちょうど逆の人口分布である。このことは、東京都とは異なり、大阪府では特別区以外の市町村への財政支出を優先するという首長・議会の政治的志向を強めることになる。特別区の財源に対する「流用」圧力が絶えず働くことにならざるを得ない。[(2)]

特別区の人口比が7割弱の東京では、都議会における23区選出の議員数も多く、その影響力も強い。一方、大阪府の場合、特別区（大阪市域）の人口比は約3割なので、府議会での議席も少なく、その主張も通りにくい。つまり、大阪市から「流出」した財源の使途に対する発言力が弱いということなのである。

要は、大阪市からの財源を流用して周辺市町村に分け与えるというのが〈大阪都構想〉の財政モデルなのだ。だが、ストレートにそう主張するのであれば、まだ理解できなくもない。ただし、それならばなおさら、指定都市である「大阪市を解体して弱くする」（先出：谷垣禎一氏）というような真似はすべきではないだろう。そんなことをすれば、別の形で問題が生じることになる。大阪府の稼ぎ頭を失ったのでは、元も子もないからである。さらに言えば、もし特別区の財政が行き詰まれば、その負担は周辺市町村にのしかかることにもなってしまうのだ。

６「年間４０００億円」の財源効果の取らぬタヌキの皮算用

２０１１年12月27日、大阪府知事であり大阪維新の会幹事長である松井一郎氏は、高ら

(1) 藤井聡『大阪都構想が日本を破壊する』文春新書２０１５年４月・23頁
(2) 森裕之「特別区の財政問題――住民サービスの低下は避けられない――」「市政研究」第１８７号（２０１５年春号）大阪市政調査会２０１５年４月25日（37頁）

かにこう宣言した。

二重行政を解消して年間に４０００億円ほどの財源を生み出すことは最低ラインだ。これは政治の約束であり、目指すことは間違いない。一日も早く達成したいが、知事の任期4年間に実現したい。（「ＮＨＫ　ＮＥＷＳＷＥＢ」２０１１年12月27日）

まず、確認しておこう。松井氏が明言した最低ラインは、「年間に４０００億円」であって――後に言われるようになる――平成45（２０３３）年までの「累積として４０００億円」の財源を生み出すということではない。そして、自ら設定した期限は、知事任期終了の２０１５年11月である。

同じ日、橋下氏の方は、「むだを削って生み出したお金を再投資して都市を再生する。最終ゴールは、地方交付税の不交付団体になって国から自立することだ」（同右）と述べている。この事実もまた、忘れてはならない。

要するに「府と市の二重行政を解消することで年間４０００億円ほどの財源を生み出し、4年後には地方交付税を受けなくても財政を運営できるよう転を目指す」（同右）というわけである。

だが、そんな勇ましい発言から4年近く経った２０１５年9月現在、松井氏の言う「政治の約束」は、もはや完全なる空論に帰してしまっている。大阪府は、「地方交付税の不交付団体」になるどころか、すでに２０１２年の段階で「起債許可団体」への転落が確定してしまったのである（「日本経済新聞」２０１２年9月21日。正式には２０１３年３月から）。

そもそも、府市の事業仕分けで埋蔵金を掘り当てるという目論みは、２００９年に誕生した民主党政権の受け売りでありこそすれ、確たる根拠があったわけではない。つまるところ、２０１０年３月に発表された〈大阪都構想〉は、行政の無駄を省いて財源を生み出すという時流の発想を背景に登場したものなのである。

もちろん、大阪というコップの中をほじくったところで、大した金額が出て来るはずはない。いわゆる〈大阪都構想〉なるものは、名前ばかり立派だが、何らかの事業を積極的に始めることではなく、役所の仕事を整理して節約するという、極めて内向きかつ後ろ向きの発想なのである。しかも、そんなことに多大なる資金と時間と労力をかけて……。

かくして、２０１３年夏、その財政効果の試算が発表されると、新聞紙上には、『大阪都構想、制度設計案 財政効果かき集め 市政改革・民営化、「まやかし」批判も』という見出しが踊ることになる。その記事には、以下のように書かれていた。

橋下徹大阪市長が掲げる大阪都構想の「青写真」となる制度設計案が9日、公表された。大阪府・市は都構想による財政効果を最大1000億円近くと試算したが、都構想との関係に疑問符が付くうえ未実現のものも多く、早くも議会や市内部から「まやかしだ」と批判が出ている。……「もっとしっかり効果額を積み上げてほしい」。府市関係者によると、橋下市長は先月、都構想の制度設計を担う大都市局の職員らに号令をかけた。橋下市長や松井一郎知事は就任当初、都構想で年間4000億円の財政効果を生み出すとの目標を打ち出したが、構想が具体化すればするほど、思ったような効果が見えてこない。一部の職員らは疑問を感じながらも、市民サービスを廃止・縮小した市政改革プラン（237億円）や、市営地下鉄の民営化（275億円）、ごみ収集の民営化（79億円）などを効果額に加えていったという。……1000億円近くに上る効果額を公表した9日。橋下市長は記者団に「大きな大きな節目だ」と胸を張った。しかし、試算した効果額と都構想の関係の薄さを指摘されると、「議論しても仕方ない。今までの府市を改めるなら、それでいいじゃないですか」と反論。……資料作成にかかわった幹部職員は「市長や知事の意向に沿うように資料をまとめたので、相当無理な作りになっている。机の上で機械的に数字をはじいただけで、うまくいくかシミュレーションしたわけではない」

と不備を認める。……市幹部も苦しい胸の内をこう明かす。「時間をかければかけるほど厳しい状況が見えてくる」（「毎日新聞」（大阪朝刊）２０１３年8月10日）

青写真は既に大きく狂い、色あせていたのである。橋下氏のタレント的な人気さえなければ、いわゆる〈大阪都構想〉など、この時点で終了していたに違いない。そもそも、当初は「年間に４０００億円ほどの財源を生み出すことは最低ライン」というのが「政治の約束」だったはずなのに、なぜか「最大１０００億円近く」になっているのだ。常識的に考えれば、最低ラインの4分の１未満の数字を出しておきながら、それで「大きな大きな節目」だと胸を張られても、納得する者はいないだろう。普通の政治家なら、何とか釈明しようとしたに違いない。ところが、橋下氏の場合、まさに無理が通れば道理引っ込むといった状況になってしまうのである。

しかも、その最低ラインの4分の１未満の数字でさえ、「市長や知事の意向に沿うように資料をまとめたので、相当無理な作りになっている。机の上で機械的に数字をはじいただけ」といった代物なのだ。ごみ収集や地下鉄の民営化にしても、市政改革プランにしても、大阪市の廃止とは全く関係がない。そんなものまで財政効果として「かき集め」た挙げ句、「効果額と都構想の関係の薄さ」を指摘されると、「議論しても仕方ない」と開き直る始末なのである。普通なら、無茶苦茶だという非難を浴びても仕方あるまい。だが、不思議なことに、「最大1000億円近く」に激減した数字は、逆に〈大阪都構想〉の効果をアピールする材料として使われてゆくのである。

時系列を辿って説明しよう。まず、「最大1000億円近く」という数字が喧伝された直後の2013年9月には、大阪市とともに廃止分割の対象とされていた指定都市の堺市で、都構想に反対の立場だった現職の竹山修身氏が維新候補を破り市長に再選された。その結果、堺市は「大阪府市統合本部」にも「大阪府・大阪市特別区設置協議会（法定協議会）」にも加わらないことが確定的となる。速い話、堺市が抜けた時点で、すでに当初の〈都構想〉は頓挫したのだ。

さらに、年が明けた2014年1月末に行われた都構想の制度設計を話し合う法定協議会で、公明、自民、民主、共産らの会派と維新が区割り案について対立し、2015年の春を見込んでいた〈都構想〉の実現可能性が限りなく薄れて行った。すると橋下氏は他党の反対や多くの市民からの抗議を無視し、「民意を問う」として、3月23日に出直し市長選挙を強行したのだ。ちなみにこの選挙では、投票率が24％に届かなかった一方で、白票を含めた無効票が投票総数の13・5％を超えるという珍事が見られた。

ここで先出の「最大1000億円近く」という数字が大いに利用されることになる。橋下氏はこの出直し市長選挙の際、「都構想で生まれる年間の効果額は最大９１６億円」だと強調し、自らの政策の正当性を訴えたのである。金額の大きさを喧伝すれば、民意が問えると考えたのであろう。当時の事情を報じた新聞記事には、次のように記されている。

「これが都構想の全てと言っても過言ではありません」。橋下氏はタウンミーティングなどで都構想の意義を説明する際、１枚のパネルを参加者に披露する。橋下氏が推す特別区の区割り案で都に移行した場合、平成45年度までに累積黒字が計約１３７５億円に達することが示されている。大阪府と大阪市の事務方の試算では、都構想で生まれる年間の効果額は最大９１６億円。効果額と予想されるコストなどを基にした財政シミュレーションの結果、橋下氏が強調する巨額の黒字がはじき出される。（産経ニュース２０１４年3月7日）

たしかに年間９１６億円の効果は巨額だが、いつの間にか「政治の約束」の方は消えてしまっているのだ。そして、確認しておこう。橋下氏は、平成45年度（30年間）までの「累積黒字が計約１３７５億円」だと言っていたのである。

何にせよ、試算を実行した「大阪府と大阪市の事務方」自身が「相当無理な作りになっている」と認める数字は、当然、「時間をかければかけるほど厳しい状況が見えてくる」ことになる。そうなってくると、「これが都構想の全てと言っても過言ではありません」という橋下氏の断言もまた、同じ状況に追い込まれざるを得ない。そのとき、橋下氏は、どう釈明したのか。2014年7月の新聞には、次のようなインタビュー記事が掲載されている。

――都構想の財政効果の示し方が分かりにくい

財政効果はあまり意味がない。（都移行後に各特別区が財政的に）破綻しないことが確保されれば十分で、維新として夏までに特別区ごとのマニフェストを作って市民に訴え、（是非を）判断してもらう。

――しかし、出直し選のときに開いていたタウンミーティングでは財政効果の説明に力を入れていた

それはあなた（記者）の主観だ。（特別区の区長を選挙で選ぶ）住民自治の充実についても言っていた。僕の価値観は、財政効果に置いていていない。（産経ニュース2014年7月4日）

なるほど、「力を入れていた」か否かは、主観かもしれない。だが、力の入り具合がどう

であれ、財政効果を示して「これが都構想の全てと言っても過言ではありません」と発言したのは事実であろう。それを、「財政効果にはあまり意味がない」と開き直るのであれば、「都構想の全て」が無意味だと宣言しているのと同じである。「その程度でしかなかった」という意味では極めて正しい宣言には違いないが、効果額は４０００億円という「政治の約束」は、いったいどこに消えたのか。

たとえ橋下氏個人の「価値観は、財政効果に置いていない」にせよ、大阪市廃止の是非を考えるに当たっては、効果額４０００億円という約束の成否が非常に大きな判断材料とならざるを得ない。なので、当然のことながら、住民投票が近づいて来ると、巷間でも「４０００億円」という金額が再び注目されるようになる。「あの約束は、どうなったのだ？」というわけである。こうなると、大阪維新の会や橋下氏の側は、それに対して答えざるを得ない。その回答は、「効果額は、４０００億円以上」（大阪維新の会「大阪都構想特設サイト」より）、「みなさまが使えるお金は、府と市を合わせて４０００億円以上！」（大阪維新の会「大阪都構想まるわかりブック」より）というものであった。

もちろん、これでは回答にも何にもなっていない。維新の会の宣伝パンフレットには「４０００億円以上！」と大書した脇に、わざわざ括弧までつけて、「H45年度までに」と記されているのだ。それも、極めて小さな文字で……。思い出してもみよう。当初の「政治の約束」は、「年間に4000億円」だったはずではなかったのか。それが、なぜか非常に中途半端にも、2033年（平成45年）までの17年間の累積で4000億円に掏り替えられているのである。だからこそ――特設サイト内のQ&Aコーナーで――「4000億円という効果はあながち間違いではありません」という曖昧な言い逃れをせざるを得なかったのであろう。

それにしても、なぜ、2033年までの17年間の累積という非常に中途半端な計算がなされたのか。たしかに、「大阪府市大都市局発表」の資料[1]によると、2033年までの累積効果額は4078億円という計算になる。[2]だが、2033年までの16年間の累積なら、3681億円にしかならない。つまり、とても分かり易い話なのだ。遠い先までの予想を重ねに重ねて、17年分を足し合わせた末、やっと4000億円に達したというわけである。しかも、この「大阪府市大都市局発表」の資料が出されたのは、住民投票まで1年を切った後、ようやく2014年7月下旬になってのことであった。とにもかくにも――20年で5000億円ではなく――何としてでも4000億円という数字を出すことが至上命題だったのであろう。そして当たり前のように、「年間に」という文言は一切消えてしまったのである。

ちなみに、住民投票の２０１５年から数えて18年後、そんなに先までの経済的予想は、どのような学説に立脚して算出されたのだろうか。オマケに補足しておくと、「大阪府市大都市局発表」の資料によると、新たに設置される特別区の収支予測は、２０１９年までの５年間の累積で総計１０７１億円の赤字（収支不足）ということであった。[3] 17年間の予想がどうであれ、当初５年間の予測では、大阪市域だけで１０７１億円の赤字なのである。

橋下氏を支持する国際政治学者の三浦瑠麗氏によると、「今回の住民投票は、現代の日本にあって、変化を望む側が、変化を拒む側を説得することの難しさを改めて浮き彫りにした」ということであるが、何でもかんでも、とにかく変化さえすればいいというものではあるまい。大阪市民が、単なる変化を望むのではなく、財政効果の信憑性や「政治の約束」の信頼性を望んだとしても、何ら不思議ではあるまい。

(1) 第17回「大阪府・大阪市特別区設置協議会資料」２０１４年７月23日
(2) 大阪市域で２７６２億円、大阪府で１３１６億円、総計４０７８億円となる。
(3) さらに、大阪府議会平成二七年定例会総務常任委員会第２号３月10日でも、大阪府広域事業再編担当課長により再確認されている。

7 実際の効果は「わずか1億円」!?

〈大阪都構想〉の真の目的が、二重行政の解消を謳い文句とした大阪市の解体であることについては既に触れた。大阪市を潰せば、たしかに大阪府と大阪市の間の二重行政は存在不能になる。片一方が消滅するのだから、当然、両者の二重は起こりえない。だが、重要なことは、単に府市二重行政の廃絶を自己目的化するのではなく、そのことによって、どのくらいの財政効果が発生するのかという点である。それに関して、大阪維新の会は、「二重行政を解消して年間に4000億円財源を生み出すことは最低ラインだ」と明言しているが、その具体的な根拠は何ら示されていないことについてもやはり既に触れた通りだ。

一方、大阪維新の会を批判する側からは、効果額は年間4000億円どころではなく、年間たった1億円に過ぎないという指摘も見られた。あまりに乖離し過ぎた数字で驚くほかないが、こちらには一応はっきりとした根拠がある。

実は、1億円という数字は、いわゆる反対派が言い出したことではない。大阪府・大阪市特別区設置協議会の資料に基づき、大阪府議会で確認されたものである。2011年末に設置された大阪府市統合本部は、大阪府と大阪市の連携による効率的な自治体経営を目指し、その検討課題を大きく二つの項目に分類した。

Ａ項目：経営形態の見直し検討項目

Ｂ項目：類似・重複している行政サービス

（Ａ・Ｂ項目以外＝Ａ・Ｂ項目による府市連携では解決しない）

いわゆる〈大阪都構想〉というものについて考える場合に重要なのは、これらの検討項目のうち、多大な費用をかけてまで大阪市を潰さなければ達成できないものがどのくらいあるのかという点である。この点に関して、まずは大阪府議会における議論を確認しておこう。以下は、議事録からの抜粋である。[(1)]

花谷府議：二重行政の解消に向けてＡ・Ｂ項目の取り組みを進めてこられたと思うんですが、制度を変える、すなわち大阪市を廃止・分割しないと解消できないものはあるんですか、制度論からお答えください。

(1) 大阪府議会平成27年定例会総務常任委員会第２号３月10日議事録。

担当課長：制度的に政令市が特別区に移行しないと解決できないものということで申し上げますと、法律上、政令市に設置義務がある精神保健福祉センターが挙げられると考えております。

花谷府議：再編効果額の総括表では、Ａ・Ｂ項目以外の府市連携の取り組みとして一億円の効果額が計上されていましたが、長期財政推計を作成した際、この額というのは変わっていないんですか。

担当課長：この額については変わっていないということでございます。

つまり、前半の質疑応答では、Ａ・Ｂ項目のうち大阪市を潰さなければ解消できない重複は精神保健福祉センターのみだという事実が確認され、後半の質疑応答では、Ａ・Ｂ項目以外の再編効果額は１億円のみだということが確認されているのである。実際、そのとおりなのであろう。当初年間４０００億円と説明され、後に年間１０００億円とトーンダウンした挙句、最後に出て来たのは１億円だ。普通に考えれば、その程度だろう。地下鉄や市バスの民営化、水道事業の統合や民営化といった諸項目は、いくら橋下氏が〈都構想〉の成果だと強弁したところで、大阪市の廃止とは無関係だからである。

具体名が挙がった精神保健福祉センター（B項目の一つ）にしても、たしかに都道府県と指定都市の双方に必置義務が課されているには違いないが、どのみち必要な施設である以上――体育館や図書館のように――府市両施設を有効活用し、それぞれの連携を進めれば済むことである。そもそも、全ての精神保健福祉センターの看板を「府立」と書き換えたところで、財政効果など当てにできないのだ。となると、具体的な数字に表れる効果額は、A・B項目以外で計上されている1億円だけだということになろう（うちわけは東京事務所の共同化による経費縮減など8項目）。

かくして、敢えて大阪市を廃止・分割しなければ生まれない効果額は年間1億円に過ぎないという主張がなされるようになったのである。これは、担当課長が議会の質疑応答の中でそう明言している以上、少なくとも誤りではない。だが同時に、机上の計算でしかないことも事実である。

もちろん、大阪維新の会や橋下氏の側は、２０３３年までに４０００億円以上という効果額について「数字は役所が正式に作成した」ものだとして正当化している以上、この1億円という数字に対して文句を言う資格はない。効果額の累計がどうであれ、そのうち大阪市を廃止・分割しなければ生まれない金額は年間1億円に過ぎないという数字もまた、「役所が正式に作成した」ものだからである。

大阪維新の会の側も、非効率な二重行政――それが仮にあるとして――を解消するに当たり、必ずしも大阪市を潰す必要がないという事実を認めている。自らが開設したサイトのQ&Aコーナー中で、「大阪戦略調整会議で議論すれば二重行政は解消できるんじゃないの」という質問に対して、次のように回答しているからである。

二重行政の解消に向けた取り組みが進むのは、松井知事・橋下市長体制で同じ改革マインドを持ち、政策を推進しているからです。これらを制度に踏み込んで、恒久的なものにしようとするのが都構想です。

つまり、知事と市長が「同じ改革マインド」をもって取り組めば二重行政は解消できるが、個人に頼るのではなく、制度的な縛りをかける必要があるという主張である。一見、合理的だと映るかもしれない。だが、これでは、知事や市長を選挙で決める意味がなくなってしまうだろう。将来、誰が知事になろうが市長になろうが、松井氏や橋下氏と「同じ改革マインド」に基づく政策しかできなくなってしまうからである。これでは、有権者の意志がどうであれ、そんなものに左右されない制度を作るというのと同じであって、政治に対する民意の反映が制限されてしまうのである。

松井氏や橋下氏と「同じ改革マインド」が有権者から支持を受けているのなら、その民意に沿った知事や市長が選ばれるはずである。となると、維新が言う理屈に従えば、大阪市を潰さなくとも〈改革〉は可能という結論に至ることになる。逆に、松井氏や橋下氏と「同じ改革マインド」が有権者の支持を失えば、それに沿った政策はやめるべきなのだ。府と市が類似の施設――図書館や体育館など――を持つことを悪しき二重行政と考えるのか、必要な役割分担だと考えるのかは、第一義的に有権者の判断に委ねられるべきことだからである。むしろ、不可欠なのは、政策に対する民意の反映を恒久的に確保し、意思決定が一元的な独裁と化さないような制度的な枠組に他ならない。いずれにせよ、府と市という制度を、府と特別区に変えたところで、根本的な制度変革にはならないだろう。

話を戻そう。机上の計算で「１億円」とされる効果額は、現実的にはどうなのか。あくまで一つの試算であり、その正解を出すのは、不可能に近い。参考までに示すと、日本共産党は、大阪市を潰さなければ出てこない節減額を――節減すべき無駄か否かは別として――約９・４億円と試算している。これは、制度設計案で示された数字から府市再編とは無関係な項目を取り除いた金額であり、いわば上限といったものとなろう。府市再編による効果と呼べる項目が全て設計案どおり実現しても、約９・４億円だというわけである。いずれにせよ、かけるべき費用や労力に照らした場合、どう計算しても割の合うような効果額は出て来ない。

維新はかつて「都」構想で〝府と市の二重行政をなくして毎年4000億円を生み出す〟と宣伝していましたが、制度設計案（修正後）で示された「都」構想の「効果額」は596億円と激減。しかもその大半は、市営地下鉄・バスの民営化約183億円や、今実施中の「市政改革プラン」による市民負担増237億円など府市再編とは関係ないものです。あえて「府市統合・再編の効果」といえるものを集めても9・4億円にすぎません。しかも、その内訳も病院の統廃合（6・2億円）など実際には実害でしかありません。（「しんぶん赤旗」ウェブサイト2014年2月21日）

さらに言えば、都構想の設計図として住民投票の秤にかけられた「協定書」に記載されている、「初期費用が600億円、長期ランニングコストが年間20億円」というのも、机上の計算に過ぎないのだ。たとえば、初期費用に関して、関西経済連合会幹事で市民グループ「民意の会」の代表でもある浅野秀弥氏は「私が試算したところ最低1千億円はかかる」（「大阪日日新聞」2015年2月23日）と述べている。もちろん、この試算にしても絶対ではない。だが、６００億円という数字が、かなり楽観的なものであることだけは事実であろう。

8 「住民サービスの向上」のはずが「極端に下がることはない」に

大阪市を潰して府市二重行政を解消すれば、その節約効果によって多大な財源が生まれ、ひいては住民サービスも向上する。これが、大阪維新の会や橋下氏の論法であった。となると、２０１４年７月に橋下氏が「僕の価値観は、財政効果に置いていない」と開き直った時点で、この論法は既に破綻していることになる。２０３３（平成45）年度までに４０００億円という効果額にしても――信憑性の問題はもちろん――橋下氏の売り物である「スピード感」（「産経ニュース」２０１５年４月29日など）は完全に消失していると言わざるを得ない。特別区の収支不足が解消するのも、ようやく２０２３（平成35年）年度だとされているのだ。[1] その頃には、今の小学校1年生でさえ、もう義務教育を終了してしまっている。これでは、不満に感じる人が多く出ても不思議ではないであろう。

(1) ２０１４年7月23日、第17回大阪府・大阪市特別区設置協議会資料（特別区の長期財政推計）による。

すると、「財政効果はあまり意味がない」と開き直る橋下氏は、別の理屈を持ち出す。大阪維新の会が自らのウェブサイト内に設けたQ＆Aコーナーでは、大阪市だけでは一つしかない組織が、５つの特別区が設置されれば５つになり、住民サービスが向上すると宣伝されているのだ。

この説明は、支離滅裂としか言いようがない。仮に大阪市の児童相談所の数が足りないのなら、増やせば済むことだろう。大阪市を廃止して特別区に再編するだけの資金を投じれば、「住民サービスを担う組織」の増設くらいは出来るはずである。その方が、各特別区に一つという機械的な設置より、ずっと効率的ではないだろうか。

橋下氏の下では、府と市で別々に図書館や体育館を建てるのは無駄だとされ、府市で二つの無料法律相談所があるのも無駄だとされて「府民法律相談」が廃止された。さらに府市で二つの公立大学を持つのも非効率だとされた。その一方で、教育委員会は一つから５つになり、児童相談所が一つから５つになると宣伝するのでは、論理的な整合性に欠けていると言わざるを得ない。要するに、ほとんど支離滅裂なのだ。

そもそも、住民サービスは、机上の金勘定だけで向上するものではない。それを担う自治体職員が十分に確保されていなければ、住民サービスが向上するはずはないのである。だが、大阪市を廃止して特別区に再編するとなると、現在の市職員は、その作業ばかりに

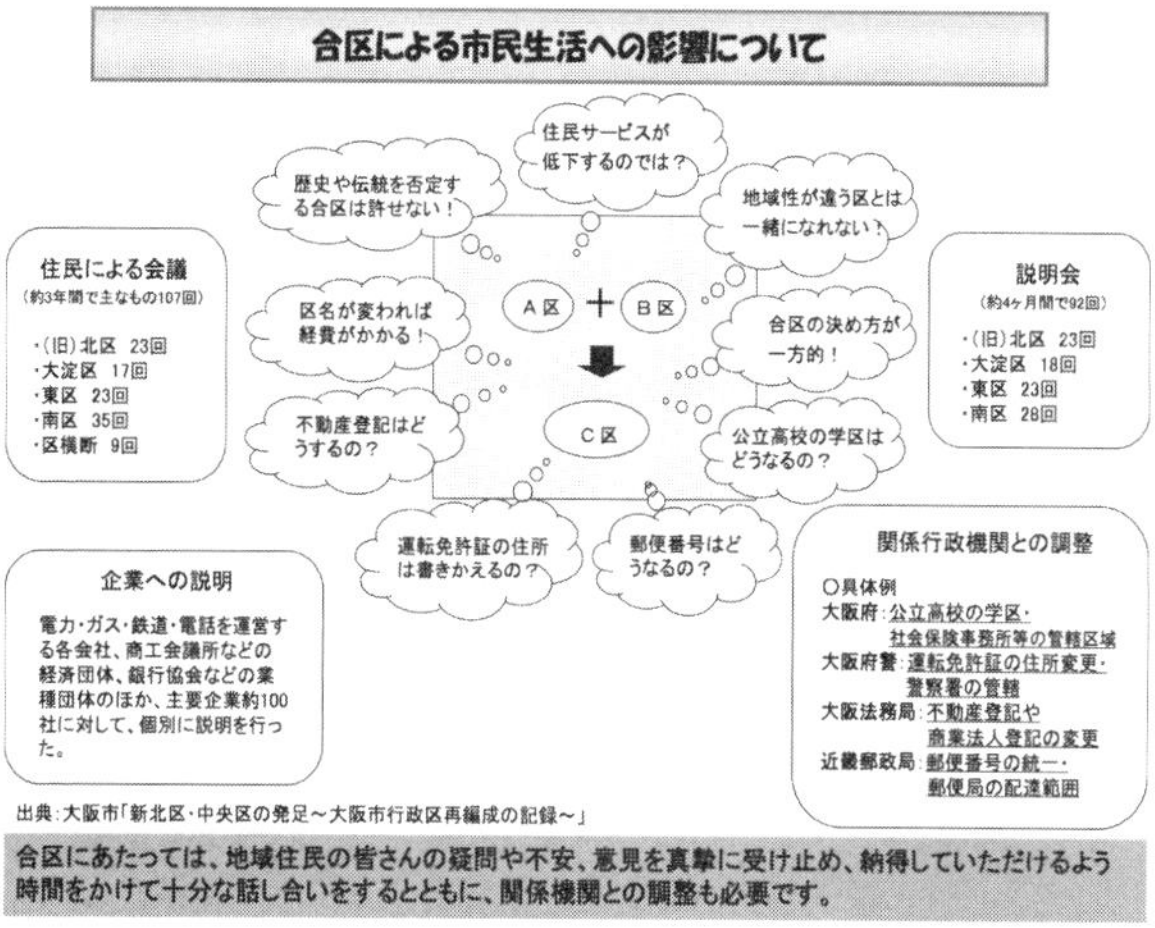

図表9　大阪市市民局のウェブサイトより

膨大な時間と労力を奪われてしまうだろう。そのことは、過去の経験が実証している。

1989年2月、大阪市では、東区と南区の合区によって現在の中央区が、（旧）北区と大淀区の合区によって現在の北区が誕生した。これらは、特別区の設置ではなく、行政区[1]の合併である。すなわち、新しい自治体をつくるわけではなく、市内の行政単位を変更するだけの話であり、それもたった2件に過ぎない。なので、当然のことながら、大阪市を解体して全域を特別区に再編する

(1) 指定都市において行政事務処理の便宜上設けられる区。

ことに比べれば、はるかに規模の小さい作業である。

それでも、当時の大阪市職員は、合区作業に多くの時間や労力を費やさねばならなかった。大阪市会で「合区に関する基本方針の議決」がなされたのは1985年3月なのだが、それから合区が実現するまでの間、多くの市職員が、説明会、合区協議会（住民による会議）、関係行政機関との調整、企業を回っての個別説明、さらには反対運動への対応などに追われていたのである。もちろん、合区後は、新しい区役所組織を軌道に乗せる業務が待っていた。

となると、大阪市そのものを廃止し、それを全て特別区に再編するという作業が、どのような事態をもたらすのか。過去の経験を踏まえれば容易に想像できるであろう。事実、片山善博氏（元総務相・元鳥取県知事）は、この問題に関して次のように述べている。

大阪でも、府市のトップ同士が相談すれば、二重行政の大部分をなくせるはずだ。……それより大阪は今、他にすることがあるはずだ。政府は東京一極集中を解消するため、「地方創生」を最重要課題に位置づけている。これを好機ととらえ、「金融庁や中小企業庁を大阪に」「証券取引所も大阪を拠点に」などと、首都機能の一部移転などを訴えたらどうか。北陸新幹線の開業で、関西の奥座敷と言われる北陸ですら東京圏に入ってしまった。こうした危機に、大阪が何のメッセージも発しないのは残念だ。……都構想などの機構いじりは多大なエネルギーを費やし、組織が疲弊する。会社の合併と同じで、職員や市民がなじむまでに時間もかかる。内輪の組織論に終始することなく、せっかくのチャンスを生かすことを優先すべきだ。（「毎日新聞」（大阪朝刊）２０１５年5月11日）

まさに、正論である。２０１０年に〈大阪都構想〉なるものが喧伝され始めて以来、大阪府も大阪市も、「内輪の組織論」ばかりに巻き込まれ、無為に時間を失ってしまった。そして、府市の優秀な人材の多くが「機構いじり」に使われたのである。もちろん、大阪市を解体・再編するとなると、事態はさらに悪化せざるを得ない。それで、どうして住民サービスが向上するのであろうか。

橋下氏の〈構想〉という名の無計画には、更なる難点もある。２０１７年4月1日付で特別区を発足させるというが、正式な計画を見れば、その時点では5区のうち3区は区役所さえ未完成なのだ。東区、中央区、南区では、特別区が出来てから新区庁舎での仕事が始まるまで4〜5年もかかるとされている。そのことに関する府市大都市局の見解は、「特別区内に職員を全員配置できないので区をまたぐ配置を検討する」（「しんぶん赤旗」２０１５年2月10日（前日の大阪市会の報道））というものであった。これでは、住民サービスの向上どころか、その現状維持さえ困難であろう。

さらに、大阪市を廃止して5つの特別区を設置した場合、結果的に、国からの財源保障額も減ってしまう。特別区は、地方交付税法上の「地方団体」ではなく、国の財源保障の対象ではないからである。自主財源が豊かな東京の場合、どのみち国からの交付金を受ける資格がない。だが、それほどの財源がない大阪市は、国から地方交付税交付金を受けることで、国が定める最低限の住民サービスを確保して来たのである。

大阪市が廃止されると、これまで大阪市が受け取ってきた地方交付税交付金は、調整財源として大阪府の歳入に組み込まれる。その金額は、基本的に従来と同じである。それなら、問題ないと思われるかも知れない。だが、そうではないのだ。5人家族が一軒の家に住んでいる場合、台所やトイレといった最低限の設備は、一家に一つずつでよい。だが、5人がそれぞれ一人暮らしを始めると、それらが全て5つ必要になる。同様に、大阪市は一つの基礎自治体なので教育委員会も児童相談所も一つなのだが、これを5つの特別区に分割再編すると、それらが全て5つ必要になる。となると、以前と同額の収入では、以前と同等の住民サービスを維持することが出来なくなってしまうのだ。

交付金の不足額は、約500億円。府市特別区設置協議会の資料には、「仮に、通常の市町村と同様の方法で算定した場合は、普通交付税が約500億円増加」と記されている。

つまり、もし特別区が「通常の市町村」だったら、もう約５００億円（正確には５１７億円）多く受け取る資格があるということである。だが、特別区は通常の市町村とは違い、地方交付税法上の地方団体ではないので、大阪府が一まとめ計算で受け取ることになってしまう。実際には、一まとめではなく、５つの特別区に分かれているにも関わらず、である。５つの特別区ができたのに、交付金額は大阪市が一つであったときと同じなら、５１７億円も足りなくなるのだ。これでは、住民サービスが向上するどころか、誰が考えても下がってしまう危険性の方が高いだろう。

こういった様々な問題点に関し、橋下氏自身の発言も、住民投票の直前にはにわかに尻すぼみになっていった。各方面から多くの批判を浴び、苦しい弁明をせざるを得なかったのであろう。実際、５月10日の街頭演説では、ほとんど自棄糞《やけくそ》のような発言をしていたのである。

大阪の街をつぶすのではない。役所の仕組みをつくり変えるだけだ。住民サービスが極端に下がることはない。（「産経ニュース」２０１5年5月10日）

橋下氏は、さんざん威勢のいいことを言い続けて来た。それが、住民投票の一週間前にな

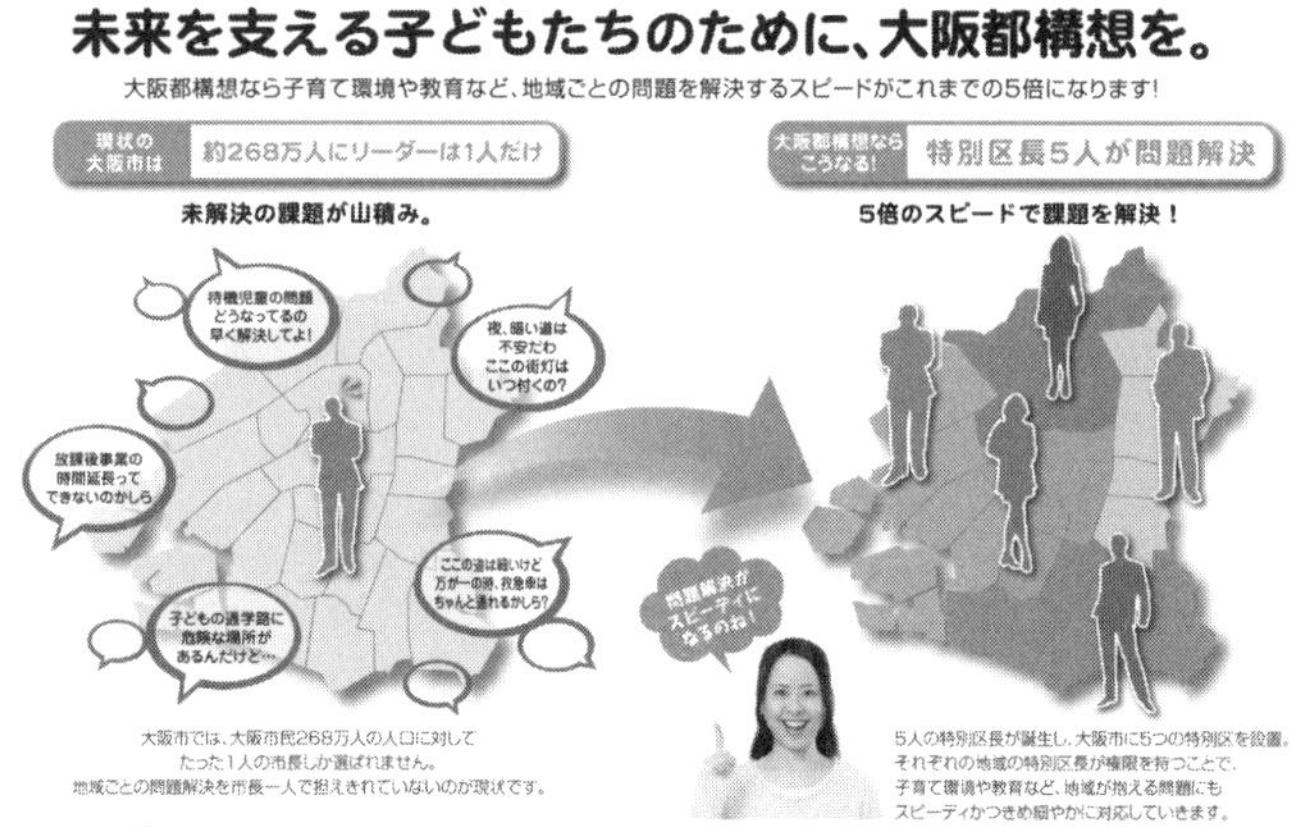

図表10　大阪維新の会、2015年4月末のビラより

ると——珍しく正直なところは高く評価できるが——「住民サービスが極端に下がることはない」となったのだ。どの程度を指して「極端」と言っているのかは不明ながら、給料が「極端に下がることはない」と言われれば、よほど現在の勤務先に恨みでもない限り、敢えて転職を望む者は少ないだろう。

長谷川幸洋氏が、住民投票が否決されたことを受け、「大阪市民の理解と決意が十分に熟していなかった」とコメントしていることは前述したが、私たち大阪市民は、何を理解し、何を決意すべきだったのであろうか。いかに〈都構想〉なるものの実情を踏まえることなく無責任な発言しているかが分かるといえよう。

また、経済効率・財政負担面は別として、特別区を設置すれば住民自治が充実するというサービスの中身に関する主張にしても、根拠は薄弱だ。

大阪維新の会は、投票広報の中で「選挙で選ばれた5人の区長が、みなさまの声を受けとめます」と謳っているが、その区長自身の権限が小さければ、人数だけ増えても意味がない。実際、橋下氏は、２０１５年2月5日の市長会見において、地元の特別区長がカジノ誘致に反対した場合の対応を問われ、「協議はしていきますけれども、基本的には『大阪都』の話だ」（「平成27年2月5日　大阪市長会見全文」大阪市ウェブサイト内）と明言していたのである。

具体的には、カジノを中核とする統合型リゾート（ＩＲ）を推進する知事が選挙で当選し、それを進めていくことになれば「特別区の方がそれを反対掲げて、区長が、湾岸区の方が反対って言ってもそれは周りの市町村、周りの区がそれじゃ納得しませんよ」、「基本的には湾岸区っていうものが大阪都に反対して徹底抗戦をするってことは、それはないですよ」という次第なのだ。

早い話、いくら住民による直接選挙で区長を選ぼうとも、その区長には、自区にカジノ受け入れるか否かを決める権限さえないということである。何も、カジノだけが特例だというわけではあるまい。[1] 大きく見れば、原子力発電所や空港や米軍基地に関しても、特別区に権限がないという点では同じだろう。結局のところ、大阪市を潰して特別区に再編したところで、住民サービスも住民自治も向上しないのである。

各特別区に設置される区議会もまた、貧弱だ。たとえば、人口約34万とされる「湾岸区」の区議会議員定数は、わずか12人。一方、ほぼ同じ人口規模の東京都北区の場合、区議会議員は40人である。湾岸区の人口が現大阪市の7分の1未満だからといって、大阪市会議員の定数（86人）の約7分の1を機械的に振り分けたのでは、とても十分な仕事はこなせまい。議員定数が12人というのは、人口約３２５０の秋田県大潟村と同数なのである。

(1) 橋下氏が、日本国民のためにカジノが極めて有益であるとの見解を持っていることは事実である。実際、橋下氏は、２０１０年10月28日、国会議員らに「小さい頃からギャンブルをしっかり積み重ね、全国民を勝負師にするためにも、カジノ法案を通してください」（「朝日新聞ＤＩＧＩＴＡＬ」２０１０年10月28日）と訴えていた。

第三章　橋下政治の実態と虚像

1 実績の裏付け無き改革イメージ

橋下氏は、大阪維新の会が開くタウンミーティングにおいて、自らの知事、市長としての実績を強調するのが常であった。そして、その際の手法は、色刷りの大型パネルを用いて、視覚的なイメージに訴えるというものでる。だが、それらが与えるイメージは、ほとんど錯覚に近いものになっていた。まず、「借金を削減しました」と題されたパネルを見てみよう。そこには、「大阪市財政状況の推移」として、市債残高が減少している様子が示されている。

この4本棒のグラフを一見しただけでは、

図表11　大阪維新の会ＴＭパネル

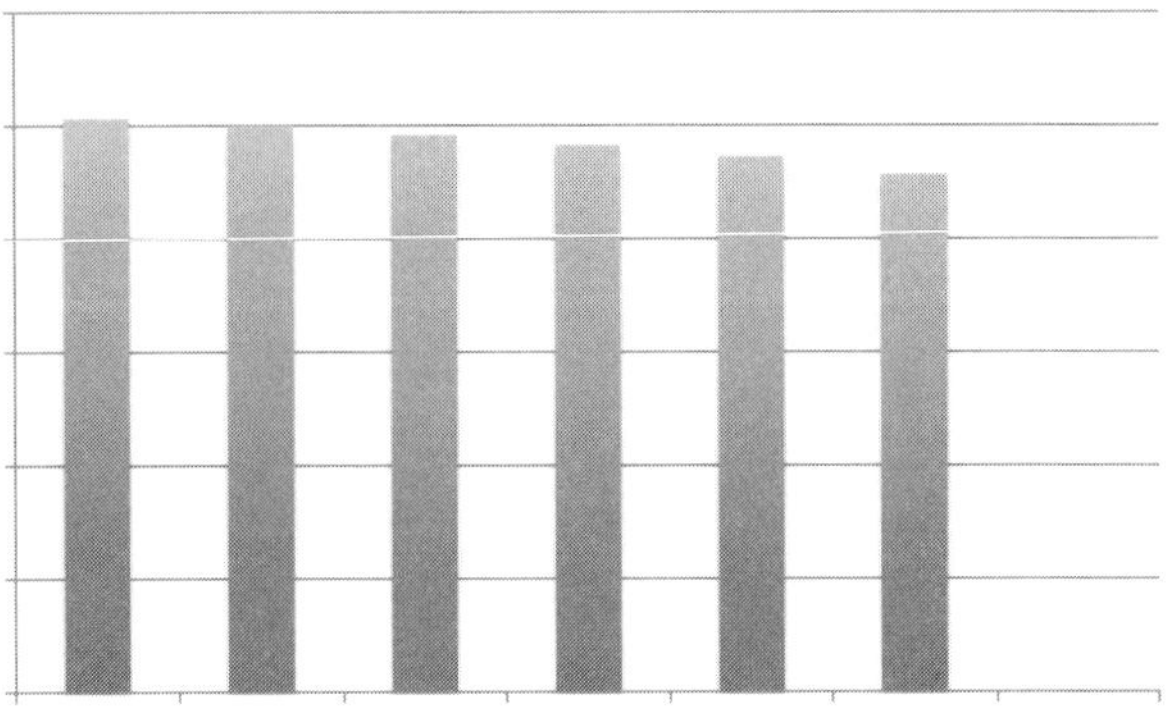

図表12　図表11を正しく表すと

橋下市政4年間で、大阪市の借金が4分の1くらいに減ったような印象を受けるだろう。ただし、注意が必要だ。この棒グラフは、二重波線で途中を切り取ることによって、高さが操作されているのである。しかも、グラフの縦棒は、市長任期の4年に合わせて4本なのだが、なぜか途中年度が飛んでいて、6年分の情報が盛り込まれているのだ。そこで、6年分のデータを、棒グラフの高さを細工せずに描き直すと、次のようになる（単位：億円）。

これを見ると、たしかに市債残高は減り続けている。だが、それは漸減傾向といった

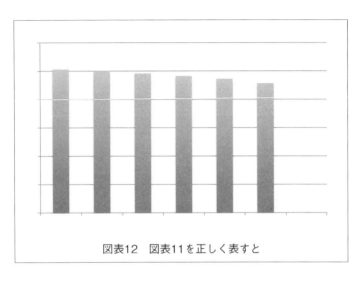

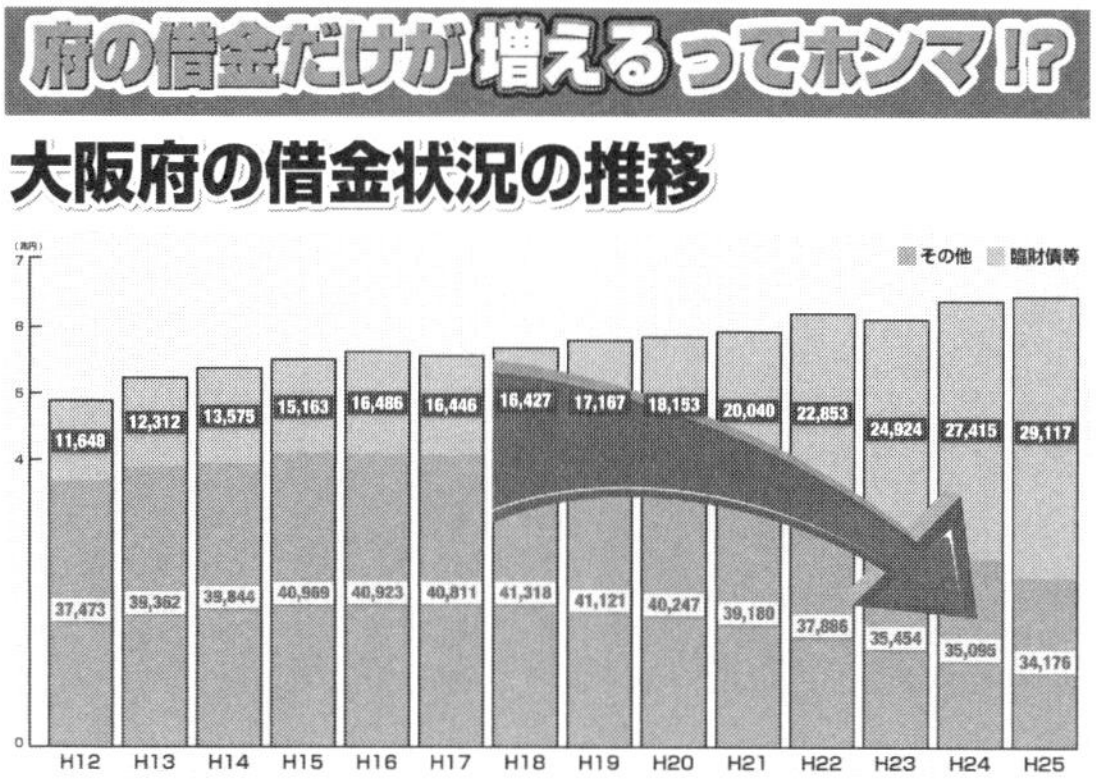

図表13　大阪維新の会ＴＭパネル

程度で、特大の矢印で示すような金額ではない。そもそも、大阪市債算高の漸減傾向は、既に橋下氏の二代前の関淳一市長時代の平成16年度（２００４度）から始まっており、橋下市長の誕生によって何か改革的な事態が生まれたわけではないのである。

次に、「府の借金だけが増えるってホンマ!?」と題されたパネルを見てみよう。そこに描かれたグラフも、棒の高さが操作させている。左端の縦軸目盛をよく見ると、なぜか、４から６までの目盛りの取り方に比べて、０から４までの間隔が異様に長いのだ。

そこで、正確なグラフを作ると次のようになる（単位：億円）。これと比較すれば、

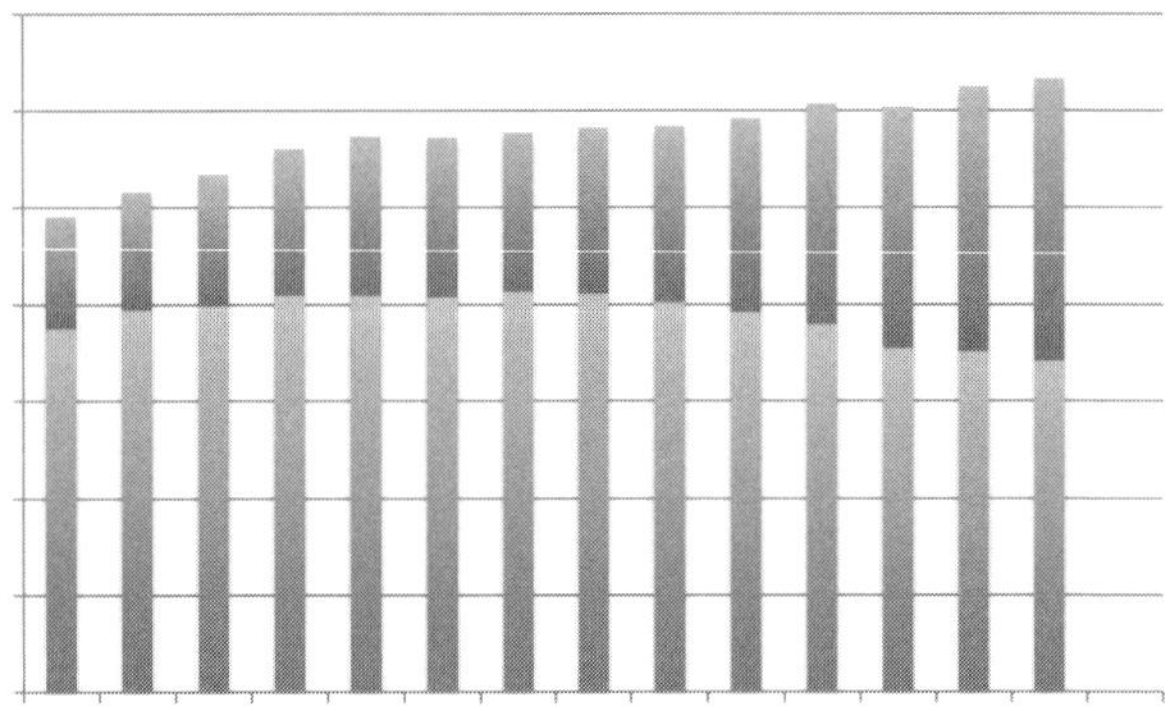

図表14　図表13を正しく表すと

大阪維新の会が作ったパネルが、いかに過大な印象を与えているかが理解できるだろう。

そもそも、大阪府の全借金を知るには、棒グラフ全体の高さを見なければならない。実際、大阪市の「借金を削減しました」と訴えるパネルでは、大阪維新の会の側だって、全ての債務を合算したグラフを用いているのである。にもかかわらず、大阪府の負債状況を示す際には、なぜか、府の借金を「臨財債等」と「それ以外」とに二分し、「それ以外」だけが減っていると強調しているのだ。なので、大阪維新の会が作ったパネルから、色分けも矢印も取り除けば、より事実に近いものになるだろう。

□　**臨時財政対策債**　□

臨時財政対策債は、国から地方自治体に交付する地方交付税の原資が足りないため、不足分の一部をとりあえず臨時財政対策債として地方自治体に借金させて窮状をしのぎ、借金の返済時に地方交付税として地方自治体に返すという趣旨で設けられました。

臨時財政対策債は交付税措置のある地方債で、特徴として借りたお金を自由に使え、返済額の100%を地方交付税措置（基準財政需要額に算入）してもらえますが、返済時にその他の財政需要を踏まえた所要額が地方交付税として交付されるとは限りません。

過去に景気対策として実施した公共事業の財源として発行した交付税措置のある地方債の返済が本格化している昨今、普通交付税総額を見ると現実には減額になっています。これは普通交付税の基準財政需要額が毎年度見直されて、約束した借金返済以外の部分が削減されているからだと考えられますが、同様の事態が臨時財政対策債の返済時にも起こることは十分に考えられます。

制度の成り立ちから考えれば、臨時財政対策債は地方交付税の身代わりのようなものですが、ここで気を付けなければならないのは、あくまでも地方自治体の責任において行う借金であるということであり、借金の状況については住民が監視する必要があります。

図表15『日向市議会 第一回議会報告会：9月定例議会、決算議会を終えて』（平成26年11月 日向市議会 議会報告会資料）

ちなみに、「臨財債」とは「臨時財政対策債」の略であり、それが何なのかは日向市議会のウェブサイトで的確に説明されているので、紹介しておこう。重要な点は、「あくまでも地方自治体の責任において行う借金」だという事実である。この点に着目する限り、「臨財債」を「その他」の借金と区別する理由は何もない。要するに、借金を減らしている大阪市とは対照的に、大阪府の「責任において」行われた借金の方は――多少の波こそあれ――基本的には漸増傾向なのである。2008年に橋下氏が知事になって以後も、何ら改革的な事態は生じていない。

簡単に言えば、大阪府の場合、税収と歳

出の開きが大きいため、地方交付税交付金に頼らなければならなくなったのだ。事実を直視する限り、大阪府の財政は、橋下知事と松井知事の時代に改善したどころか、むしろ危機的な状況に陥りつつある。臨時財政対策債であれ何であれ、大阪府の「責任において」行われた借金が増え過ぎた結果、２０１３年３月に大阪府は起債許可団体に転落してしまったのだ。これ以上の借金をするには、総務省の許可が必要だというわけである。

かくして、２０１３年２月は、「大阪府、借金増大の泥沼 私立高無償化、給食……のしかかる〝橋下遺産〟」という見出しの記事が、新聞に載ることになった。そこには、次のように記されている。

14日発表された大阪府の25年度一般会計当初予算案。生活保護扶助費などの社会保障関連経費は年々増え続け、財政を圧迫している。その上に重くのしかかるのが、「私立高校授業料無償化」や「中学校給食」など橋下前知事の〝遺産〟だ。大幅な税収の回復が見込めない中、貯金の取り崩しや借金に依存する悪循環から抜けきれず、府の借金は過去最高の約6兆4千億円に膨れあがる見込みだ。……府が昨年2月施行した財政運営基本条例は収入の範囲で予算を組むと規定するが、税収だけで賄うのは現実的に不可能だ。……そのため、府はこれまで国から配分される地方交付税に頼ってきたが、25年度の交付税は減額され、24年度当初比147億円減の2553億円に。府は歳入不足を補うため〝貯金〟にあたる財政調整基金から401億円を取り崩した。ただ、それでも足りず、臨時財政対策債も同比200億円増の3100億円の発行を余儀なくされた。国は臨財債を将来の交付税で補填するというが不透明な状況だ。しかし、府は背に腹は代えられないのが実情で、臨財債を発行し続けるという悪循環に陥っている。（「産経ニュース」2013年2月15日）

この新聞記事が指摘している事実を要約すれば、橋下氏と松井氏は、実績作りのためのバラマキ行政を行いながら、とにもかくにも目先の単年度収支を黒字化することだけを優先し、減債基金の積み立てを怠った上、臨時財政対策債を発行し続け、府の財政を危機に陥れてしまったということである。さらに、そのバラマキである「私立高校授業料無償化」や「中学校給食」といった政策そのものも、短絡的かつ場当たり的だと言わざるを得ないのだ。

府知事時代、市長時代を通じた橋下氏の失政について数え上げればキリがないほどなのだが、次の二節では、ここで指摘されている2点について、その問題を取り上げよう。

三浦瑠麗氏：バラマキを行わなかったこと……この点は維新を評価すべき最大の点……。（山猫日記「大阪都構想アフターノート：住民投票の否決を振り返る」２０１５年5月18日［本人のブログ］）

2 場当たり政治の実例

(1) ウケ狙いだった学校給食

７人の子持ちとして知られる橋下氏は、一見すると教育行政に熱心なように見える。府知事時代から教育委員会を「クソ教育委員会」呼ばわりして、旧来的な教育委員会組織を敵視することで世間の喝采を浴びた。市長に転出してから大阪市立桜宮高校のバスケットボール部で体罰問題が起こった際にも、自ら対応に当たるパフォーマンスで、その行動力と素早さをアピールしてみせた。ここで扱う、「中学校給食」や「私立高校授業料無償化」も、いわば橋下氏肝いりの政策だったと言える。

たとえ財政的には負担でも、市民サービスとしては有効な施策が存在する事は事実である。しかしながら、橋下氏が導入した「中学校給食」は、大阪市民から歓迎されているとは言い難い。そもそも給食事業は橋下氏の発案ではなく、大阪市では、すでに平松邦夫前市長の時代から中学校給食が進められていたのだ。

平松氏は、２００７年の大阪市長選挙の際、大阪市では中学給食の実施率が極めて低い事実に着目し、その導入を公約した。だが、予算は極めて厳しい。そこで考案されたのが、業者弁当の配達による選択制昼食提供である。事前（当日朝8時まで）に電話かインターネットで注文すれば、業者が弁当を届けてくれるのだ。料金は前金チャージ制で一食280円。コンビニ払い、クレジットカード払い、ゆうちょ銀行振込が選択できた。これなら、市民のニーズに応えつつ、予算は膨張せず、給食の強制や費用滞納の問題も生じないというわけである。この制度は、アレルギーの有無や保護者の都合によって注文日を選択できるので、非常に便利であった。

しかし、この給食制度が市内全域に広がる前に、橋下市長が別の方式に変更してしまったのである。

橋下氏は、府知事に就任直後の２００８年2月13日、学校給食は「議論のところで終わるような話と思っている」（「毎日新聞」２００８年2月14日）と述べたのだが、２０１１年――統一地方選と大阪W選の年――になって突然、公立中学の完全給食に向けた補助事業を行うため、5年で３００億円の予算を求めると宣言する一方、大阪維新の会は、「公立中学給食実施拡大中！」と大々的に宣伝し始めたのである。

しかし実際に導入されてみると、以前と同様の業者による弁当配達方式であるにも関わらず、1ヶ月単位でしか申し込めなくなった上、「まずい」、「冷たい」といった不満が続出し、給食利用率は1割程度にまで落ち込んでしまった。特に、アレルギーを持つ子どもたちは、1ヶ月単位の申し込みでは材料や献立による選択が出来ず、実質的に給食が利用できなくなったのである。思惑が外れて苦しい答弁を強いられた橋下氏について、新聞はこう報じている。

「弁当の味を覚えるまえに給食を……」給食普及低迷に橋下市長が苦渋の答弁

昨年9月からスタートした大阪市立中学校の選択制給食の申し込みが低迷していることを受け、橋下徹市長が、5日に開かれた市議会本議会で今後の普及対策を問われ、新入生をターゲットに「親御さんの弁当の味を覚える前に、給食に移す作戦はどうだろう」と答弁する一幕があった。中学校給食は3月現在、市内128校中97校で実施。市教委では試食会などの取り組みを行っているが、1月の申し込み率は11・2%にとどまっている。（「産経ニュースWEST」2013年3月5日）

するとどうなったか。なんと、翌2014年入学の新1年生から、ただでさえ不評の給食が、全員に強制されることになったのだ。もちろん、利用率が１割程度の給食を全員に強制する目的は、利用率１００％という実績作りだけであって、生徒や保護者の要望に応えるためではない。すると今度は、単なる不評にとどまらず、異物混入などの事故が続発してしまうのである。

ゴム……大阪市の学校給食、異物混入38件‥
今春始まった大阪市の中学1年生対象の全員給食で、虫や髪の毛などの異物混入が相次いで発覚している。……同市の給食をめぐっては、分量や保温への不満・苦情が多く寄せられている。市教委によると、スタート1カ月間で、虫や髪の毛、繊維くずなどの混入が38件確認された。全学年で持参弁当との選択制がとられていた2013年度は1年間で計73件だった。当時の配送弁当の個数は128校で最大6000食程度だったが、現在は約2万6000食に増えている。学校関係者の間では「供給量の増加で対応が追いついていないのでは」との見方がある。（「朝日新聞DIGITAL」2014年7月10日）

アレルギー対応にしても、ややこしい限りだ。まず、「食物アレルギー個別対応実施申請書」なる書類を学校に提出する。その後、改めて別紙（調査用紙等）を渡されるので、診断書等の必要書類を添えて再び学校に提出する。その上で、給食委員会にてアレルギー対応の可否が決定される……。いったい、誰のことを考え、誰のために何がしたいのか分からない。なお、その後も、給食に対する不満は解消されていない。次の新聞記事は、2015年8月のものである。

給食改善「子ども市会」で約束 橋下・大阪市長「不満、申し訳ない」：
大阪市政の課題について市内の中学生が考え、提言する「子ども市会」が7日、市議会本会議場で開かれた。夏休みの恒例で、議員定数と同じ86人が議席に座り、橋下徹市長に対し、積極的に質問をぶつけた。橋下氏肝いりで全市立中学に導入された配送方式の給食について、生徒から「冷めていて、おいしいという生徒はほとんどいない」と厳しく指摘された橋下氏は、「不満があることは申し訳ない」と陳謝。改善を約束した。（「産経ニュース」2015年8月8日）

結局、橋下市政下で、誰も喜ばないことが全員に強制され、多額の税金を使われることになった。一方で、給食問題に比べれば私立高校授業料無償化は、確かにそれだけを見ると実績だと言えるかもしれない。しかし、大阪府の財政が危機的な状況にある中、なぜ多額の支出を伴う施策が敢えて実行されたのかは問題である。その背後にあるのは、橋下氏の信念ではなく、むしろ無定見さに他ならない。次節では、その経緯を振り返ってみよう。

(2) 私立高校授業料無償化

２００８年１月の大阪府知事選挙において、橋下氏は、自由民主党大阪府支部連合会の推薦と、公明党大阪府本部の支持を得ていた。その当時の橋下氏は、自民党大阪と良好な関係を結んでいたのである。当然、橋下氏の府知事当選は、自民党大阪の勝利でもあった。そのときの様子は、次のように報じられている。

自民党の中山太郎・府連会長は『政権与党の勝利。橋下氏の知名度と自公の組織力が功を奏した結果だ。自分の選挙のように嬉しい』と声を弾ませた。（「読売新聞」（朝刊）２００８年1月28日）

ちなみに、当時の自民公明両党は、福田康夫政権の下、衆議院で安定多数の議席を擁する政権与党であった。２００５年の総選挙――いわゆる郵政選挙――において、自民党は２９６議席、公明党は31議席を獲得していたからである。だから、橋下氏の当選は、まさに「政権与党の勝利」であった。端的に言えば、初めて選挙に出た橋下氏は、政権をもつ既成政党に庇護されて当選したというわけである。

だが、府知事選の翌年、すなわち2009年に入ると、その政権与党の雲行きが次第に怪しくなって来る。そして、同年7月に衆議院が解散される頃になると、民主党の勢いが頂点に近づいていた。その空気を、橋下氏が嗅ぎ付けないはずはない。事実、翌月に行われた総選挙では、自民党が歴史的な大敗を喫し、民主党に政権の座を奪われてしまうのだ。橋下氏の府知事当選を「自分の選挙のように嬉しい」と声を弾ませた中山太郎氏も落選の憂き目に遭い、涙声で悔しさをにじませることになる。問題は、その「悔しさ」の理由である。

知事選で推薦した橋下徹知事が民主支持を打ち出したことも話題に上り、大阪府連会長の中山太郎氏は「考えもしなかった」と涙声で悔しさをにじませた。……中山氏は、衆院選を巡る橋下氏知事の行動に触れ、「本当に考えもしなかったような態度を取られた」と声を振るわせた。会見でも橋下氏知事への怒りは収まらず、「党員は皆怒っている」とまくし立てた。……一方、批判を受けた橋下知事は……「国のことを考えると、今回は民主党に頑張っていただきたいと思っています」と述べた。（「毎日新聞」（朝刊）2009

年9月6日）

橋下氏は、知事選で応援を受けた人々への感謝の情を示すことなく、またもや政権与党の側に付いた。そして、翌年4月には、時の空気を読んだ自民党大阪の一部地方議員が橋下氏に合流し、大阪維新の会を結成する。この地域政党は、自民党が最も苦しかった時代に自民党から抜けた人々を中心に結成されたのである。松井一郎・現大阪府知事が、その代表格であろう。

ともあれ、民主党政権が誕生するや否や、橋下氏は、いそいそと新たな与党の政策に追従し始めた。その典型が、高校授業料の無償化なのである。同政策は総選挙に大勝した民主党が掲げていた目玉政策だった。これを、橋下氏が見逃すはずはなかった。

すぐさま実行に移したばかりか、民主党政権が実現した公立高校の無償化の上をゆき、大阪府独自で「私立高等学校等授業料支援補助金制度」を創設したのである。これによって――特に２０１１年には――私立高校生の授業料負担は、年収６１０万円程度までの世帯では無償となり､同８００万円程度までの世帯では保護者負担の上限が10万円となった。

なるほど、この制度そのものを高く評価する者は多いであろう。だが、忘れてはならない事実がある。無償化を宣言する前年、２００８年６月の新聞記事には、次のように記されているのだ。

大阪府の橋下徹知事は、私立学校の学校運営費に対する助成金を、小学校と中学校で25%、高校で10%、幼稚園で5%それぞれ削減する方針を固めた。……多くの私立学校では助成金が学校運営費の約3割を占めており、大阪私立中学校高等学校連合会は「助成金が削減されると、授業料を上げざるを得なくなり、生徒募集にも影響が出る」として、現状維持を求めている。（「朝日新聞DIGITAL」2008年6月3日）

さらに、橋下氏は、2008年10月23日、私学助成を減らさないで欲しいと訴える経済苦の女子高生に対して、「日本は自己責任が原則ですよ、誰も救ってくれない……この自己責任の日本から出るか」と言い放ち、泣かせてしまっていたのだ。このシーンはテレビを通じて広く報道されたので、覚えている方も多かろう。生活が苦しいので私学助成を減らさないでという切実な訴えを断罪するごとく全否定した張本人が、一転して私立高校授業料の無償化を行ったのである。

言うまでもなく、「民主党に頑張っていただきたい」という主張にも、一貫性など微塵もなかった。自民党員を怒らせてまで支持した民主党政権が倒れる数ヶ月前になると、橋下氏の態度は豹変する。そのことに関しては、次のように報じられている。２０１２年４月のことである。[1]

大阪市の橋下徹氏市長は13日、市役所で報道陣に、「あとは国民が民主党政権を倒すしかない。次の総選挙で（政権を）代わってもらう」と述べ、民主党政権の「倒閣」を宣言した。（「読売新聞」（朝刊）２０１２年４月14日）

ここでも、橋下氏は見事に空気を読み、時流に乗ったのだ。ただし――少なくとも地元大阪では――自民党ばかりか民主党をも完全に敵に回すことになった。かくして、橋下氏は、２０１２年の衆議院議員総選挙に向けて、自ら「日本維新の会」を立ち上げたのである。その日本維新の会に、前回の総選挙で民主党大勝の波に乗った松野頼久氏や小沢鋭仁氏や今井雅人氏や石関貴史氏らが合流したことは、非常に興味深い事実だと言えよう。ちなみに、民主党政権時代、小沢鋭仁氏は環境大臣、松野頼久氏は内閣官房副長官を務めて

(1)ちなみにこの半年前、橋下氏は当時の野田毅首相を絶賛していた。
政府は20日午前、野田政権になって初となる地域主権戦略会議（議長・野田首相）を首相官邸で開いた。……橋下徹・大阪府知事は会議後、報道陣に対し、「……首相が素晴らしい政治決断をしてくれた。政治主導で大きく前進した」と語った。（「読売新聞」２０１１年10月20日）

いた。

話を戻そう。橋下氏が知事時代に始めた「私立高校授業料無償化」は、2015年、松井知事による経費節減改革の対象となってしまう。次に挙げる新聞記事は、2015年2月のものである。

府は16日、私立高校の授業料無償化制度について、対象世帯の所得制限を現行の年収610万円未満から、同590万円未満に引き下げると発表した。2016年年度の入学者から適用される。……府は制度変更により、18年度には年間約15億円の歳出削減を見込む。（「毎日新聞」（地方版）2015年2月17日）

この年間15億円の歳出削減もまた、大阪維新の会の実績なのだろうか。何にせよ、橋下氏による私立高校授業料無償化は、教育に対する信念に基づくものではあるまい。少なくとも、最初は削減の対象であった私立高校生への支援が、いきなり授業料無償化の大盤振る舞い一転したかと思えば、後を引き継いだ身内の松井知事の歳出削減策によって支援後退となったのである。実際のところは、その教育政策は派手な宣伝効果を狙ったものばかりで、実質的な成果を上げているとは言い難いのである。というより、こうコロコロと方策が変わるのでは、当事者である子供とその親、そして教育の現場をいたずらに混乱に陥れるだけだ。

3 橋下政治キモ入りの教育改革の実像

さらに橋下政治の下で行われた教育政策を検討する。

２０１１年12月に橋下市長が就任すると、すぐに大阪市立の小中学校へのエアコン設置が始まった。そのこと自体は、大阪市民の経験した事実であるに違いない。橋下氏はこれを自らの実績であるかのごとく宣伝するが、そうではない。すでに決定され、準備が進められて来た事業が、２０１２年度から実行に移されたに過ぎないのだ。導入時期から常識的に考えれば、当たり前の話であろう。その経緯は、この間の事情に詳しい元大阪市会議員・漆原良光氏（現在は市議引退）のブログ（２０１１年9月30日）に記録されている。

これが書かれたのが、２０１１年の9月である点に注目しよう。なので、漆原氏のブログに登場する「市長」は、平松邦夫氏である。つまり、小中学校へのエアコン設置は、公明党市議団が要望し、平松市長が実行したことなのである。[1] 当然のことながら、大阪維新の会や橋下市長の実績などでは全くない。橋下氏が市長に就任する10ヶ月も前、２０１１年の２月には、すでに実現に向けた動きが約束されていたのである。

漆原氏は、早くも２０１１年１月19日付のブログにおいて「小中学校への全教室エアコン設置」を主張していた。だが、橋下氏は、これを自分たちの実績だと喧伝し続けた。そして、多くの大阪市民が、「橋下さんが市長になったとたん学校のエアコン設置が始まった、すごいスピード感だ！」と思い込まされたのである。これに留まらず、橋下氏は、「維新の実績！」によって「子育て・教育に関する予算」が激増したと触れ回っていた。しかし、その根拠は全く不明なのだ。

同じような捏造は、教育政策全体の予算額に関する説明でも繰り返された。

具体的に検証しよう。大阪維新の会が作成したビラやタウンミーティングパネルによると、平松市長時代の平成23年度における「子育て・教育に関する予算」は、わずか67億円だとされている一方、橋下市長下の平成26年には、それが２７０億円だとされているのである。だが、常識的に考えても大阪市の教育予算が、そんなに少ないはずがない。

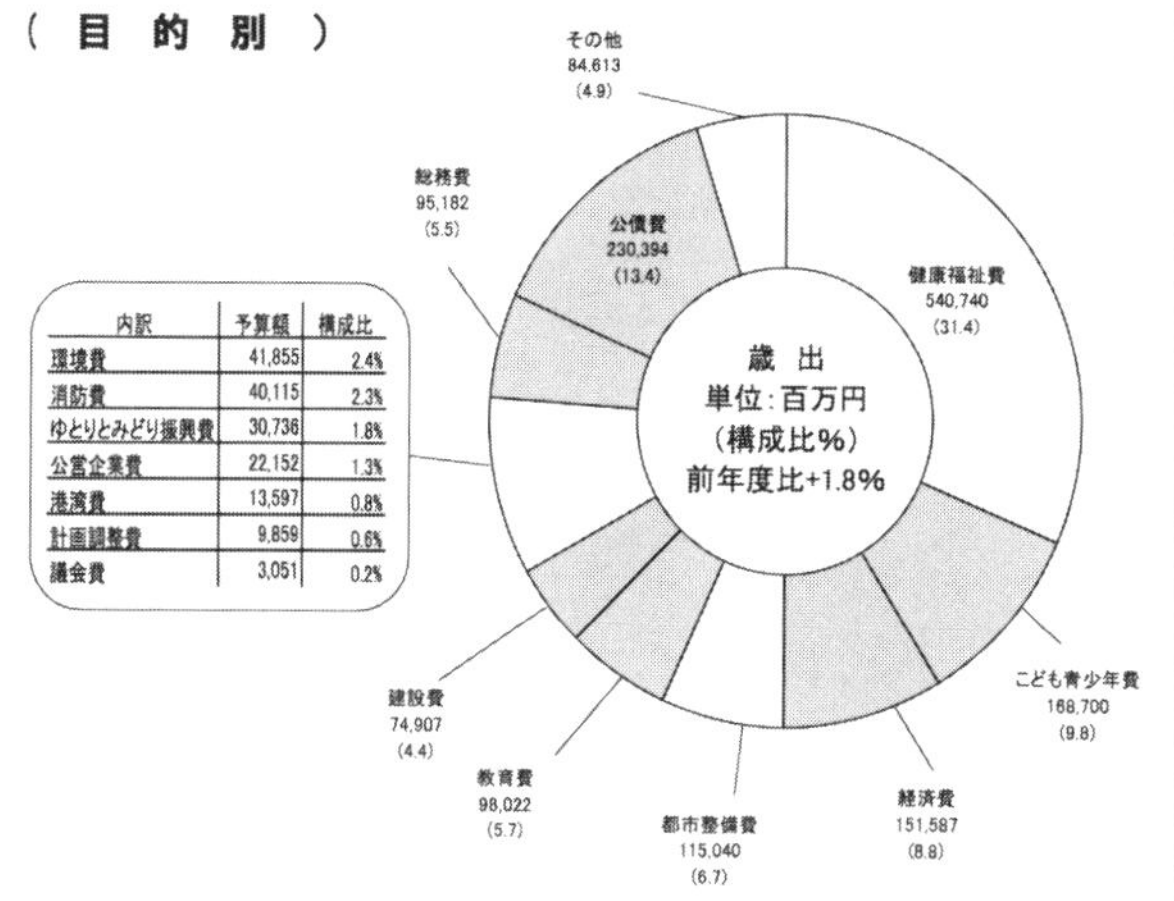

図表16　大阪市平成23年度当初予算（大阪市ウェブサイトより）

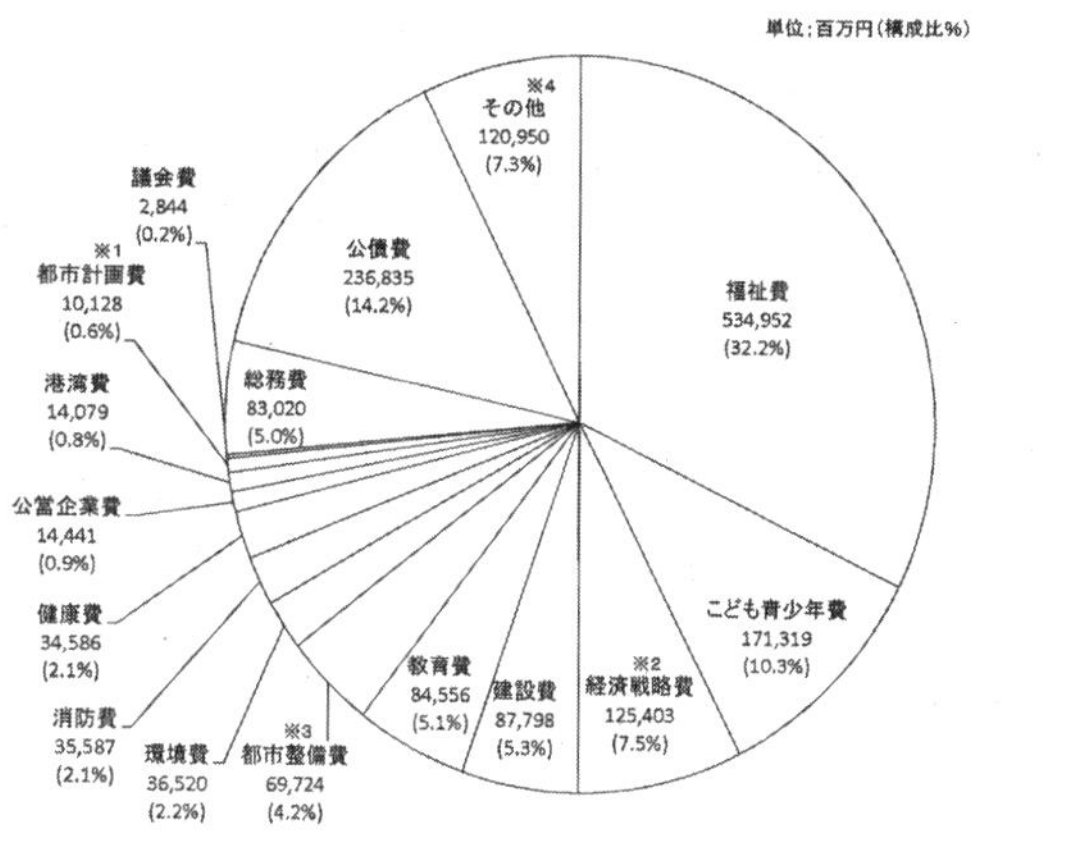

図表17　大阪市平成26年度当初予算（大阪市ウェブサイトより）

(1) 漆原氏は、すでに2011年1月19日付のブログにおいて「小中学校への全教室エアコン設置」を主張していた。

平成23年度予算（平松市政）：
　こども青少年費……1687億円
　教育費…………980億2200万円
　合計……………2667億2200万円

平成26年度予算（橋下市政）：
　こども青少年費……1713億1900万円
　教育費…………845億5600万円
　合計……………2558億7500万円

誰がどう見ても、橋下市政下で「子育て・教育に関する予算」が増えていないことは明白であろう。むしろ、平成23年度と平成26年度を比較した場合、108億4700万円もの予算減となっている。橋下氏の考えでは、「子育て・教育に関する予算」の中に「教育費」は含まれないのであろうか。いずれにせよ、多くの大阪市民は、「小中学校普通教室エアコン設置」や「子育て・教育に関する予算」の激増が、「維新の実績！」だと刷り込まれてしまったのである。

実際のところは、大阪府でも大阪市でも、維新政治の煽りで学校現場は火の車である。「大阪市の財政上の理由」から、修学旅行の引率費用にさえ事欠く始末なのだ。それだけではない。大阪の学校現場が直面する窮状は、次のように報じられている。

大阪府：小中教員不足深刻、講師足りず……授業3カ月無し
大阪府内の公立小中学校で、産休・病休を取った教諭の代わりなどを務める講師が足りずに学校への配置が1カ月以上遅れる事態が、昨年度に少なくとも101校で120人に上っていたことが分かった。他教科への振り替えや自習でしのぐなど、学校現場に支障が生じている。背景には、団塊世代の大量退職による教諭不足を新規採用だけでは埋められていない事情があり、容易に解消しそうにない。……茨木市の中学校では昨年10月、50代の男性教諭（技術）が急死。すぐに市教委に講師派遣を依頼したが見つからず、今年1月までの3カ月間、2時間続きの授業の1時間を他教科に振り替え、1時間を自習にした。校長は、「学力向上と言われても、現実は学習指導要領をきちんと習得させられない法令違反の状況だ。教員が一人でも倒れれば物理的に成り立たず、ぎりぎりのラ

インをもう超えている」と窮状を訴える。……（「毎日新聞」2014年4月10日）

大阪府立高：「開かずの図書館」2割 橋下改革で専任司書全廃 監査委「法改正に逆行」

大阪の府立高校の約2割にあたる24校の図書館が、昼休みや放課後などに生徒が利用できない「開かず」の状態にあり、府監査委員が改善を求めることが分かった。近く監査結果を公表する。2009年に行政改革で専任の学校司書が廃止され、業務を割り振られた教職員の手が回らないのが理由。府教委は司書の代わりに全教職員が協力して図書館業務をカバーするため、各校に運営組織の設置を指示したが、約4分の1にあたる34校で未設置となっている。……今年6月には学校図書館法が一部改正（来春施行）され、専任の学校司書を置く努力義務が課された。今回発表する定期監査の結果では、24校で生徒の利用について何らかの時間制限があることが判明、監査委は「逆行する現状は問題で、図書館の利用促進を図るべきだ」と指摘する方針だ。……府教委は従来、学校司書を実習助手として採用。生徒の読書活動の支援のほか、貸し出しや選書、蔵書管理などに従事してきた。しかし、橋下徹知事（現大阪市長）が就任直後の09年、財政難による人員削減の一環から、図書館専任の実習助手の廃止を決定、理科や家庭科に配置転換した。一方で、司書教諭の資格を持った教員の配置を推進したが、担当教科の授業と兼

任になるため、図書館業務に割ける時間が限られるのが実情という。（「毎日新聞」（大阪朝刊）2014年9月22日）

たしかに、橋下氏が教育予算を全面的に軽視したかと言えば、そうではないのかもしれない。いわゆる「スーパー学校」という触れ込みで、市立小中一貫校を設置したという実績もある。しかし、その顛末は、次の新聞記事が報じるとおりである。

橋下市長肝いり「スーパー学校」不評・定員割れ
大阪市教委が、来春に向け、市全域から児童生徒を募った小中一貫校2校の希望者が集まらず、ほとんどの学年が定員割れしていることがわかった。小1からの英語学習など私立の進学校並みの手厚い教育を実践する「スーパー学校」として橋下市長が力を入れるが、保護者らの反応は芳しくない。2校は「やたなか小中一貫校」（東住吉区）と「むくのき学園」（東淀川区）。やたなか小中一貫校は昨年4月、矢田小と矢田南中を統合して開校した。来春から校区を市全域に広げる。むくのき学園は、啓発小と中島中を統合し、来春開校する。校区外からの募集定員は、学年によって、24～57人とし、応募者多数の場合は抽選も想定していた。やたなか小中一貫校は1～8年生の定員計323人に対し、応募は17人。4、5年生はゼロで、1年生でも7人だった。むくのき学園は、8学年（定員計342人）の応募者は計117人にとどまり、1年生だけが、定員（24人）を超える34人が応募した。（「読売新聞」2013年12月4日）

教育現場は予算削減の嵐によって疲弊し、さらに橋下氏キモ入りの政策は不評で定員割れというのだから、実情はお寒いというほかあるまい。以上が、橋下氏が実行した教育改革と、その実績である。政治家としての橋下氏を評価する発言をして来た人々は、何がどう評価に値するのか。大阪市民に対して説明する責任を免れない。

4 "改革"の自己目的化

橋下氏は、2011年の大阪市長選の際に発表したマニフェスト(1)の中で、「天下りの根絶」と「外郭団体の全廃」を主張していた。その前提にあるのは、「天下り」や「外郭団体」は悪だという断定に他ならない。なるほど、それらの実態は改善する余地も多いに違いない。だが、根絶や全廃といった短絡的な発想では、思考停止状態に陥ってしまう。極端な話、いわゆる「薬漬け医療」を批判するあまり、投薬治療の根絶や医薬品の全廃を叫ぶようなものである。

外郭団体は、全廃すべき絶対悪なのか。あるいは、市民や企業の役に立っているか。その点を考えるに当たり、象徴的な事例として、信用保証協会について検討してみよう。

信用保証協会は、担保力や信用力が弱い中小企業が金融機関から事業資金を借り入れる際、その債務を保障する役割を担っている。敢えて大雑把に言えば、中小企業が借金をする際の保証人だということになろう。これは、無駄な存在で、全廃すべき対象であろうか。いや、中小企業の多い大阪市には、絶対に必要な外郭団体である。

大阪の場合、大阪府の外郭団体である「大阪府中小企業信用保証協会」と、大阪市の外郭団体である「大阪市信用保証協会」が、長くその役割を担って来た。[2] だが、2014年5月、「大阪府中小企業信用保証協会」が「大阪市信用保証協会」を吸収する形で両者が統合され、「大阪信用保証協会」として一本化されたのである。要するに、「外郭団体の全廃」という公約が荒唐無稽であったため、「広域化」という美名の下、市の外郭団体の方が実質的に廃止されたのだ。その理由は、「信用保証制度を利用する企業12・2万社のうち1・

(1)「大阪秋の陣　市長選マニフェスト」、橋下氏の公約やマニフェストは「維新八策」など、派手な名前が目立つ。
(2) 大阪市信用保証協会の設立認可は昭和17年、大阪府中小企業信用保証協会の設立認可は昭和23年である。

1万社が両協会を利用」しており、この「市協会利用企業の31％に相当」する重複が無駄だというものであった。

だが、これに対しては、すでに統廃合前から、専門家や市民による懸念が示されていた。専門家の見解の代表例は、大阪市立大学教授の本多哲夫氏による次の指摘である。

大規模な企業集積を有する大都市圏中心都市では、金融支援ニーズのボリュームが非常に大きいため、大阪市内エリアにおいては大阪市と大阪府の両自治体で支援を行っているのである。この両者で支援ボリュームを確保しているが、それでもまだ大阪市内エリアにおいては東京都や横浜市並みの支援水準には達していないのである。(1)

つまり、府の中心部である大阪市内には支援を要する中小企業が多いため、大阪府の外郭団体だけで担うのは荷が重く、大阪市の側も分担していたのだが、それでも——つまり両者を合わせても——東京や横浜に比べて支援水準が低いという状況だったのである。要するに、府と市の両方に外郭団体があるのが無駄や過剰であるどころか、むしろ二つでも足りていなかったのだ。

こうした中、もし単純に「大阪市内企業への信用保証サービスを廃止するとなると、大阪市内企業が受けられる保証サービスの総数は約半数（2万件前後）へと減少」[2]してしまう。あるいは、府側の保証協会だけで現在のサービス水準を維持するとなると、それだけの人員や設備を新たに用意しなければならず、その分の負担が——全額ではないにせよ——大阪府の側にのしかかることになる。二人で担いでいた荷物を一人で担ぐとなると、荷物の量を減らすか、一人に過大な負担をかけるか、そのどちらかしかあるまい。

大阪の信用保証業務の場合、結局のところ、荷物の量を減らすことになりそうである。統合前の2011年、府と市の信用保証協会の常勤職員は合わせて454名であった。しかし、2014年5月、両者が「大阪信用保証協会」一本化された際、その常勤職員数は401名にまで減少していたのである。これは、単なる人件費削減という点だけを見れば、それなりの成果なのかもしれない。だが、サービス水準の面から見れば、極めて問題が多いのである。大阪市が、中小企業の街だという点を忘れてはならない。

さらに、経費は人件費だけではない。たとえ職員数だけを減らしても、「大胆な組織改変に関わる情報システム統合や事務フロー統合のための新たなコスト、制度の不整合や混乱、府と市の自治体間の財政負担の交渉といった、金額では示されない様々名コストを考

(1) 本多哲夫『大都市自治体と中小企業政策：大阪市にみる政策の実態と構造』同友館、2013年・189頁
(2) 同書、188～189頁

えると、現状よりも費用増になる恐れがある」(1)のである。

府市の信用保証協会の一本化に関して懸念を示したのは、専門家だけではない。大阪府と大阪市が2012年8月に実施した意見募集（パブリックコメント）では、行政当局による公表結果だけを見ても、否定的な見解が多かったことが容易に推察される。

それにしても、寄せられた「意見要旨」に対して示された「大阪府・大阪市の考え方」は、説明にも回答にも全くなっていない。ただ「二重行政の解消により一層の行政コストの削減」といった文言を並べているだけである。そんなものは、市民から寄せられた意見とは何の関係もない。どこに、コストを減らせという意見があると言うのだ。何をどう考えても、ただでさえ「東京都や横浜市並みの支援水準には達していない」ような状況の下、大阪市内の中小企業にとって、「大阪市信用保証協会」の消滅が喜ばしい事態であるはずがないだろう。

中小企業の活力なくして、大阪市の経済発展はない。大阪市内における中小企業の割合は、事業所数で98・1％、従業者数で69・0％を占めているのだ。この事実を無視して、ただ外郭団体の廃止を自己目的化し、それを改革だと自称するのは、本末転倒の極みであろう。目先かつ表面的な経費削減は、真の改革ではなく、短絡的な改革イメージに過ぎず、実質的には改悪なのである。

5 ただ減らしさえすれば良いという発想

橋下氏は、一つの大阪市を5つの特別区に再編する際には、役所や首長の数が増えることによって、きめ細やかで身近な住民サービスが実現すると喧伝していた。その一方で、外郭団体の数は、ともかく減らそうとするのだ。要するに、中身や結果がどうであれ、改革というイメージだけが重要なのであろう。そのことは、いわゆる市職員の「天下り」や出向についても同様である。たとえば、「大阪産業創造館」などを管理運営する「大阪市都市型産業振興センター」が市内の中小企業支援に大きな成果を上げて来たのも、職員を通じた大阪市役所との密接な連携があったからに他ならない。だが、いわゆる外郭団体改革が、それを弱体化しつつあるのである。

都市型産業振興センターは民間人材による運営が独自の持ち味とはいえ、最終的な施策判断や方針決定を担うのは経済局と経済局の市職員であるため、市職員の引き揚げが進

(1) 本多哲夫『大都市自治体と中小企業政策：大阪市にみる政策の実態と構造』同友館、2013年・189頁

むことによって、現場情報や現場感覚が本庁サイドに伝わらないなど、市との関係が弱まり、経営支援の機能に悪影響が出ることが懸念される。[1]

もちろん、どのような組織や団体にも、改善すべきところは多々あるに違いない。それは、民間企業でも同じだろう。だが、何のための政策なのかを吟味せず、短絡的な「改革」を自己目的化することは、無意味であるどころか、むしろ有害なのである。しかも、「外郭団体の原則廃止」という方針の中には、それ自体が上手くゆかず、混乱を招いてしまう事例もあった。次の新聞記事は、２０１３年5月のものである。

大阪港で最大の木材用倉庫を営む大阪市の外郭団体「大阪港木材倉庫」（住之江区）の行方が宙に浮いている。市は今年度中に5割を保有する同社株を売却して完全民営化する方針だが、同社に出資する地元の木材業界が「業者間のバランスが崩れる」と反発。「外郭団体の原則廃止」を掲げる橋下徹市長の方針に基づき交渉を進める市の担当者は「売却先が見つからない」と頭を悩ませている。……ただ、売却交渉は進んでいない。市は同社株を持つ木材業者らに買い増しを打診したが、応じなかった。購入には数億円かかる上、特定の社が経営権を握れば、使用料の値上げなどで他の業者の経営を左右しかねないからだ。株主以外から投資を募る案も「業界が混乱する」として反対意見が根強い。株主で、区内で木材業を営む「越井木材工業」の越井健会長（77）は「木材業界は中小企業が多く、公的な調整など市の役割は大きい。今後も、関与を続けるべきだ」と売却そのものに否定的だ。（「毎日新聞」（大阪朝刊）2013年5月17日）

世論の風潮は、概して「天下り」や「外郭団体」に否定的である。橋下氏は、その空気を読み、「天下りの根絶」と「外郭団体の全廃」を声高に叫んだのである。そこに欠落しているのは、それが市民にとって有益か否かという視点に他ならない。

6 府議会議員定数削減の意義

2015年の国会では、参議院議員選挙において「鳥取県と島根県」および「高知県と徳島県」を統合する合区を盛り込んだ公職選挙法改正案が大きな議題となった。たしかに、一票の格差問題は、最高裁判所から指摘された解決課題である。だが、自分たちの代表を

(1) 本多哲夫『大都市自治体と中小企業政策：大阪市にみる政策の実態と構造』同友館、2013年・141頁

参議院に送り込めなくなる可能性のある県が発生する以上、反対や不満の声が上がるのも当然であろう。民主政治において、議員定数は、単に減らせば善だということにはならないのである。

そもそも、古代ギリシャの時代から、民主主義の定義は「全員による統治」とされて来た。すなわち、「一人による統治」や「一部の者による統治」に対立する統治制度が民主主義なのである。もちろん、現代において、全ての国民による直接民主制は不可能だ。なので、次善の策として求められるのは、できる限り多様な民意を議会に反映させることである。当然、少数派もまた国民の一員である以上、それを代表する議員も必要なのだ。

実際、イギリスのJ・S・ミルは、「多数派だけではなくすべての者を代表する代議制民主政治」[1]において、「少数諸派が適切に代表されるということは、民主主義の本質的な部分」[2]だと主張しているし、オーストリアのH・ケルゼンもまた、「少数保護は議会主義デモクラシーのあらゆる近代憲法において保障せられているいわゆる基本権、自由権、または人権、公民権の本質的な機能である」[3]と明言しているのである。もちろん、そのためには、十分な議員定数が不可欠だ。定数が不十分なら、多数派の代表しか議員にならず、少数派の代表など入り込む余地などないからである。

このように考えると、日本の場合、国でも地方でも、人口当たりの議員数が非常に少ないと言わざるを得ない。たとえば、人口6600万強のフランスの下院定数は577、さらに人口が少ない英国の下院定数は650、そして、人口8000万強のドイツにも620人の下院議員がいるのだ。また、「各州自体が一つの国家（ステート）であるアメリカでは、ほとんどの州に上下両院が置かれ、人口130強のニューハンプシャー州でさえ、その下院定数は400なのである。これらに比べて、日本の下院に当たる衆議院の定数は、475でしかない。人口比で見れば、英仏の半分未満である。

だからといって、イギリスやフランスの国民が、議員定数を減らせと訴えているわけではない。国民の側が議員定数の削減を要求するということは、「自分たちの意見を議会に届ける必要はない！」、「自分たちの代表を減らせ！」ということだからである。もちろん、十分な議員定数の維持には、それなりの財源が不可欠だ。だが、何に税金を使うかを考えた場合、民主的な政治の確保ほど重要なものは少ないだろう。それがなければ、何もかも無意味だからである。

しかしながら、民主主義を単なる多数決による勝ち負けだと誤解してしまうと、最多数

(1) J・S・ミル『代議制統治論』水田洋訳、岩波文庫、1997年・2頁
(2) 同書、179頁
(3) ケルゼン『デモクラシーの本質と価値』西島芳二訳、岩波文庫、1948年・82頁

派の意見に従うことが正しく、少数派は単なる負け組だということになってしまう。そういった考え方の実例が、橋下氏のブレーンである上山信一氏による次のような発言に見られる。

民主主義は、市場競争原理を政治に応用しています。たとえば、選挙や多数決はマーケットシェアをたくさんとった人が勝つ。市場競争原理そのものです。(1)

ルソー、ケルゼン、トクヴィル、ミルが積み重ねて来た民主主義の考え方とは対極的な発想ではあるが、ともあれ、上山氏の発言を突き詰めれば、最大多数の支持を得た一人の指導者さえいれば、議会など不要だということになってしまう。橋下氏の民主主義観は、この発想に立脚している。だからこそ、鳥取県議は「6人でいい」(「朝日新聞DIGITAL」2011年5月24日)と言う発言が実際に出てくる一方で——一つの大阪市を5つの特別区に分割することで——首長の数は増やすのは善だという方針が出てくるのだ。多数決で第一位になった者が統治するのが正義である以上、その選挙単位を小さくすることが地方自治の実現だというわけである。

もちろん橋下氏の、「僕が直接選挙で選ばれているので最後は僕が民意だ」(「毎日新聞」

（夕刊）２０１０年１月29日）といった、勝ち組たる多数派代表に全員が従えという主張は、本来の民主主義とは全く相容れない。橋下氏の考え方は、民主主義よりも、むしろ全体主義に近いのである。

かくして、大阪府議会議員の定数は、１０９人から88人に減らされてしまった。大阪市内の場合、福島区と此花区が合区されて２区で定数１、同様に天王寺区と浪速区が合区されて２区で定数１となり、府下市町村では、柏原市と藤井寺市が合区されて２市で定数１になった……等々といった具合なのである。その結果、一例を挙げれば、橿原市と藤井寺市のうちのどちらか一つは、自市からの代表を府議会に送れなくなったのだ。[2]となると、両市から不満の声が上がるのは当然だろう。定数削減という掛け声の裏で、その声を切り捨てたのが、橋下氏の実績の実質なのだ。

民主主義を守ろうとする他党が抵抗しようとも、それを粉砕し、「公約を貫徹」したというわけである。しかし、そうであるのなら、「大阪市は潰しません」、「大阪市をバラバラ

(1) 上山信一『大阪維新：橋下改革が日本を変える』角川ＳＳＣ新書、２０１０年・87頁
(2) 柏原市と藤井寺市では、柏原市の人口の方が多い。また、同じく合区された天王寺区と波速区を比べれば、天王寺区の人口の方が多い。そして、合区後初の２０１５年府議選では、旧柏原市選挙区の現職、旧天王寺区の現職が当選した。もちろん、選挙に際しては政党や政策、人物といった要素が大きな選択基準となる。それでも、人口の少ない地域の代表者が不利になることもまた否めないであろう。

にはしません」、「24区、24色の鮮やかな大阪市に変えます！」、「敬老パス維持――私鉄にも」といった2011年の市長選公約は、いったい何だったのであろうか。

ちなみに、人口が225万弱で面積は105平方キロ強しかないパリの場合、市議会議員が163人（その中から市長を選ぶ）もいるばかりか、それぞれに区議会を持つ20の行政区を擁し、総勢364人の区議会議員が配置されている。各区を選挙区とする市議会議員選挙と同時に、区議会議員選挙を実施するのである。ただし、パリの区議会は、あくまでも行政区の議会であり、市議会のような決定権はない。各区議会は、区議会議員に加え、自区選出の市会議員によって構成され、区の意見や要望を市議会に届ける役割を担っているのだ。人口24万弱のパリ15区を例にとれば、区選出の市議会議員が18人、区議会議員が36人、合計54人で区議会を開くのである。少数意見を無視せず、全員による統治たる民主主義を実現するのは、この程度の代表者数は、決して無駄ではないということであろう。

補足しておくと､健全な民主政治のためには､言論の自由の保障が不可欠である。公権力者による言論介入がまかり通ってしまえば、選挙であれ住民投票であれ、歪んだ結果にならざるを得ない。その意味で、橋下氏が最高顧問を務める維新の党による藤井聡氏の言論に対する態度は、非常に疑問なのである。同氏に関しては、橋下氏がツイッターでこき下ろすだけではなく、勤め先の京都大学や同氏の〈都構想〉に批判的な言説を取り上げないよう、報道各局に対し、党代表の松野頼久氏名での書面による申し入れを行っている（図表18・19・20）。

それにしても、自らの政治に批判的な立場の者に対して、「チンカス弁護士」、「クソ教育委員会」、「オナニー新聞」、「バカ新潮」、「若造議員」といった発言をして来たのは誰なのか。これは単なる誹謗中傷の類であって、言論ではない。そして、「僕らのような公選職が『きもい』くらい言われるのは当たり前」（「産経ニュース」２０１４年8月13日）と言っていたのは、いったい誰なのか。

京都大学総長
　山極壽一　様

貴大学は、その運営にあたり国民の税金を原資とする約５３０億円の交付金を受けて大学を運営している。

貴大学に所属する藤井教授は、現大阪市長、大阪維新の会代表、維新の党元共同代表の橋下徹について添付DVDの通りの発言を公にしている。

大学教授が、政治を語り、政治家を厳しく批判し、論評することは、健全な民主主義の政治体制を維持する根幹であることは承知している。

しかし、添付DVDのような藤井教授の発言は、批判や論評の範囲ではない。選挙を通じて有権者に選出され、大阪市民の代表となっている公選職、および政党の代表に対して、国民の税金で運営されている大学に所属する藤井教授の本件発言は不適切である。

この藤井教授の橋下徹に対する発言は批判、論評の範囲と考えるのか、国民の税金で研究活動を託される人物として適当なのか貴大学の考えを述べられたい。

貴大学が適切な回答をすることなく、また適切な判断の下にしかるべき対応をしない場合には、国会の場で本件問題を確認させて頂く。

貴大学は国民の税金で運営されていることを肝に銘じて頂きたい。

なお、本文書到着後１０日以内に文書による回答を求める。

平成２７年2月６日

維新の党　幹事長　松野頼久

図表18

平成27年2月12日

放送局各位

維新の党
幹事長　松野頼久

平素より大変お世話になっております。

さて、ご承知の通り本年はわが党の政策の根幹でもある大阪都構想へ向けた統一地方選挙が挙行されます。特別区設置協定書についても総務省からも特段の意見無しと返答を頂き、2月議会を経て、住民投票が実施される見通しが確実となっております。

私たちはかねてより大阪都構想の実現は住民による直接投票にその審判を委ねるべきとの主張をしておりましたが、過日より、京都大学に所属する藤井聡教授は現大阪市長、大阪維新の会代表、維新の党元共同代表の橋下徹に対し、侮辱の言を公に述べ、維新の会、大阪都構想に反対する立場を鮮明にしております。さらに大阪都構想について虚偽の主張を繰り返しています。

つきましては、公平中立を旨とする報道各社の皆様に改めてお願い申し上げるのも不躾とは存じますが、以下の事由から今後住民投票が終了するまで各報道姿勢にご留意いただきたくお願い申し上げます。

記

藤井氏は内閣官房参与の肩書を持ちながら、大阪都構想について事実誤認に基づく虚偽の主張を公に繰り返している。(①)さらに来る統一地方選挙に向けて大阪維新の会や大阪都構想に反対する政治運動を公に行っている。(②③④)

藤井氏は、橋下に対して、「ヘドロ」「あんな悪い奴はいない」「私利私欲」「腐る最先端」など、公人に対する批判・論評を超えて、徹底した人格攻撃を公でしている。(DVD)

ゆえに、大阪維新の会は、藤井氏に対して公開討論の申し入れを行った(⑤)が、公開討論は拒絶している。(⑥)

統一地方選挙まで3か月を切っている。大阪の統一地方選挙では大阪都構想の是非についても最大の争点となる事が予想される状況下で、大阪都構想や大阪維新の会、橋下に対して公然と反対する政治活動を行い、大阪維新の会の公開討論会の要請を無視している藤井氏が、各メディアに出演することは、放送法四条における放送の中立・公平性に反する。

なぜなら、公開討論をすることによって相互の主張を公にするならともかく、このように大阪維新の会反対、大阪都構想に反対の象徴として位置付けられている藤井氏の存在が広く周知されること自体が、大阪維新の会、大阪都構想について反対している政党及び団体を利することになるからである。選挙及び住民投票を歪めることのないよう、放送局としての自覚を求める。

資料

① 【藤井聡】大阪都構想：知っていてほしい7つの事実ネットでの藤井氏の記事。7つの事実。
② 府民の力2015のちらし
③ 産経新聞記事
④ 産経新聞
⑤ 公開討論の申し入れ
⑥ 藤井氏のホームページ

DVD

以上

図表19

平成27年2月16日

在阪放送局各位

維新の党
幹事長　松野頼久

平素のご高配誠にありがとうございます。先日、皆様に藤井聡に関するお願いを送付させて頂き、各放送局におかれましては、私どもの公平中立を求める意図をお汲み取り頂いている事と存じます。

この度は、テレビ番組などでは中立を装いながら言動不一致である藤井氏の行動は有権者及び住民投票を大きく歪める事になり得ると考え、下記事由により各放送局におかれましては、再度今後住民投票が終了するまで各報道姿勢にご留意いただきたくお願い申し上げます。

記

藤井氏は自民党の東成区の反維新、反大阪都構想のタウンミーティングに参加する。
（参考　別紙）
https://www.facebook.com/events/1572533022986319/?ref_newsfeed_story_type=regular

しかし、維新の会のタウンミーティングや討論会には参加しない。

藤井氏は反維新、反大阪都構想のスタンスは明確であるにもかかわらず、関西テレビの番組などでは、中立を宣言している。

中立を宣言している者が述べる意見は客観的・公平的であると聴衆は錯覚する。これは明らかに公平性を害する。

番組内で広く視聴者に虚偽の中立を宣言し、中立を装いながら、反維新、反都構想の政治活動をすることは許されない。極めて悪質である。

このような活動をしている藤井氏が、維新の会、大阪都構想に中立なわけがなく、番組内で虚偽の中立宣言をした藤井氏を出演させる放送局の責任は重大である。

以上

図表20

7 職員改革のあきれた実態

橋下氏は、公募区長や民間校長など、これまでの役所の枠に囚われない人材登用を、大阪維新の会による改革の旗印に数えていた。なにしろ公務員叩きは世間の受けが良い。その目玉の一つが、民間出身の交通局長である。

２０１２年２月、京福電気鉄道の藤本昌信副社長を、４月１日付で大阪市野交通局長に起用することが決まった。その際、橋下氏は、「民間人に入ってきてもらい、民間経営を徹底してやってもらいたい」（「日本経済新聞」（電子版）２０１２年２月９日）と強調していた。この藤本交通局長の名を大阪市民の間で有名にしたのは、２０１４年11月６日の新聞報道であった。

大阪市交通局が、地下鉄駅構内で計画して結果的に中止されたイベントに関し、制作会社に随意契約で８００万円を支出していたことが分かった。交通局によると、企画を持ち込んだ同社代表らは藤本昌信交通局長の知人だった。市契約管財局は、一般競争入札をしなかったことが内規に抵触する可能性があるとして調査している。……昨年４〜5

月ごろ、イベント制作会社代表ら知人が複数回にわたり藤本局長を訪れ提案した。同5月17日に調査研究費として、同社に800万円を支払う契約を結んだ。……しかし、協賛企業が集まらず内容への疑問も上がったため、藤本局長らが中止を決めた。ただ、イベントで使うグラスなどの経費に制作会社側が800万円を支出したとして、昨年10月末に同額を支払った。……藤本局長ら幹部は今年4月、市の入札参加資格がある業者と会食。その後、業者は市のシンポジウムを受注したことが判明し、市が調査している。

（「毎日新聞」（大阪夕刊）2014年11月6日）

そして、2日後の新聞報道によって、藤本局長の知名度は、汚名としてさらに急上昇してゆくことになる。

大阪市交通局が2012年末に実施した地下鉄駅ホームの壁面飾りの公募審査で作品のデザインを採用された書道家が、交通局に書や色紙などを寄贈していたことが7日、関係者への取材で分かった。この書道家は審査委員長を務めた藤本昌信局長の知人で、作品は交通局長室にも飾られており、審査する側とされる側の関係のあり方が問われそうだ。……藤本局長が京福電鉄に勤めていた時に知り合い、今も半年に1回程度は会う仲

という。（「毎日新聞」（大阪朝刊）２０１４年11月8日）

さらに翌２０１５年になっても、藤本局長は新聞紙上を賑わすことになる。いわゆる「公募型プロポーザル方式」で市交通局が発注した事業のうち、19件の随意契約先が、３人以上の外部委員を入れるという内規の趣旨に反して決められていたことは、前年から問題視されていた。次の記事は、その続報である。

大阪市交通局で不適正な随意契約が相次いで発覚した問題で、藤本昌信局長が昨年6月、商業施設や事業アイデアの公募で、特定の業者に１００点満点中9点と極めて低い採点をしていたことが30日分かった。市契約管財局は「採点は不自然」として、市交通局に調査を求めている。……審査は３人以上の外部委員で行うとする内規に反し、審査委員6人のうち局長を含めた5人が局幹部で、局長は委員長を務めた。残る1人の外部委員と、落札した業者は、いずれも局長の知人だった。……交通局によると、外部審査委員を決める際、藤本局長は知り合いを含む複数の名前を挙げたという。（「毎日新聞」２０１５年1月30日）

結局、２０１５年3月16日、藤本局長は減給６ヶ月の処分を受けるのであるが、辞任は全く考えていないとのことである。

大阪市は16日、市交通局のイベント計画で不適正な随意契約を結んで知人業者に８００万円を支出したり、事業を受注した会社の役員と会食をしたりしたとして、藤本昌信交通局長（59）を減給10分の１（6カ月）の懲戒処分とした。減給処分で6カ月は最も重く、市は「不適正な契約と公金の支出で信用を失墜させた」としている。……藤本局長は同日、記者団の取材に「厳粛に受け止めたい。公営ルールについて認識の甘さがあり、部下に迷惑をかけた」と陳謝したが、自身の進退については「全く考えていない」と述べた。（「産経ニュース」２０１５年3月16日）

民間登用にまつわる問題は、類似の問題が他にも生じている。２０１３年12月、大阪府が公募で採用した商工労働部長が、同じく減給６ヶ月の処分を受けた挙げ句、依願退職したのである。

大阪府の公募で昨年4月に就任した民間出身の笠原哲（さとし）商工労働部長（64）が

部下の女性職員の体を触るなどセクハラ行為をしたとして、減給（10分の1）6カ月の処分を受けたことが分かった。笠原氏は3日付で依願退職した。……11年11月の大阪府知事・市長のダブル選挙では、松井知事と橋下徹大阪市長がそれぞれ公約に「幹部職員の政治任用」を掲げ、就任後に公募を始めた。大阪市では、公募した東成区長と小学校長がセクハラ行為で今年9月に減給の懲戒処分を受けるなど、不祥事や問題が相次ぎ発覚している。（「毎日新聞」２０１３年12月4日）

この記事にも見られるとおり、大阪市では、公募区長や民間校長による不祥事が続出している。その内容にしても、セクハラ、パワハラ、モラハラ、さらにはＰＴＡ会費の持ち出し（と経歴詐称）、万引き等々、何とも低次元な行状が多いことか。いちいち個別に論じるのも馬鹿らしいが、「週刊新潮」誌がこの春にまとめたものによれば、10件に及ぶ。[1]

ちなみに、「民間校長」の登用という制度は、不祥事だけではなく、副作用も生み出してしまった。外部から校長を招くということは、生え抜きの教員たちの昇進機会を奪うことだからである。

(1)「中身はポンコツばっかり『橋下チルドレン』不祥事一覧」（「週刊新潮」２０１５年4月16日号）

大阪市では橋下徹市長の意向で民間人校長が増えて昇進の機会が減り「夢を持ちづらくなった」。教員仲間が集まると「もう辞めたい」と愚痴を言い合う。（「朝日新聞DIGITAL」2015年5月24日）

おそらく、同じような事態は、他の部署でも起こり得るだろう。局長や部長が落下傘のように降ってくるというのでは、職員の士気が低下しても不思議ではあるまい。しかも、橋下氏は、市職員に対する不当労働行為を繰り返しているのだ。

大阪府労働委員会は21日、大阪市が市水道労働組合（市水労）と結んだ労働協約を一方的に廃止したのは不当労働行為に当たるとして、労働組合法に基づく救済命令を市に出した。さらに同様の行為を繰り返さない誓約文を出すよう命じた。今回の決定で、橋下徹市長が2011年12月に就任して以降、市職員の組合側が救済を申し立てた8件全てについて府労委が不当労働行為を認めた。（「毎日新聞」（大阪夕刊）2015年1月21日）

なお、この記事によると、不労委は、これまでに次の件について市の不当労働行為を認定しているとのことである（「毎日新聞」（大阪夕刊）２０１５年１月21日）。

▽市職員の政治・組合活動に関するアンケート（命令確定）
▽教職員に君が代斉唱を義務付ける条例についての団交拒否（東京地裁で係争中）
▽労組の事務所退去を巡る団交拒否（中労委で審査中）
▽チェックオフ廃止（同）
▽市庁舎からの労組事務所退去要求（同）

コンプライアンス重視の世の中でトップがこれでは、自らが招聘した人材がパワハラ等の不祥事を重ねるのも、無理はあるまい。

8 橋下市長誕生の裏の公約違反

２０１１年11月１日、大阪維新の会は、「大阪都構想推進大綱」を発表した。その中には、次のような記述が存在する。

大阪市を特別自治区に再編することに対し、「大阪市をバラバラにする」という極めて感情的・非論理的な反論が存在する。……特別自治区が設置されれば、特別自治区役所を核として、特別自治区毎に地域性を発揮したコミュニティーとなり、これまでの大阪市役所体制下のコミュニティーよりも地域色が強まる。このことをもって「大阪市がバラバラになる」というのであれば、むしろ好ましいことである。基礎自治体はむしろバラバラになるべきであり、これが地方分権、住民自治である。(1)

この主張に対する賛否は別として、ここに記されている文言そのものは、自己矛盾や虚偽を含むものではない。大阪市を潰してバラバラにすることによって「地域性を発揮したコミュニティー」ができるのだから、「基礎自治体はむしろバラバラになるべき」だというわけである。だが、大阪市民の中には、この考え方に懐疑的な者も多くいたし、大阪市がバラバラになることに不安を感じる者も少なくなかった。

おそらく、橋下氏もまた、その空気を感じ取ったのであろう。大綱発表から10日ほど経ち、大阪知事選挙が告示されると、橋下氏が代表を務める大阪維新の会は、大阪都構想を大々的に謳いながら、次のような公約を掲げていたのである。以下は、公職選挙法に基づく政治活動ビラに堂々と明記されている事柄である。

・大阪市をバラバラにはしません。
・大阪市は潰しません。
・24区、24色の鮮やかな大阪市に変えます！

大綱発表から10日間の間に、政策が変わったわけではない。大阪維新の会は、いわゆる〈大阪都構想〉という看板を掲げ続けながら、「大阪市は潰しません」、「24区、24色の鮮やかな大阪市にかえます！」と公約しているのだ。これは、自己矛盾であり、虚偽でもある。周知のとおり、このときの大阪W選挙によって、橋下市長と松井知事が誕生した。つまり、二人とも、「大阪市は潰しません」、「24区、24色の鮮やかな大阪市に変えます！」と公約して当選したのである。この事実は、石に刻んでおかなければなるまい。

(1)「大阪都構想推進大綱」大阪維新の会、2011年11月1日

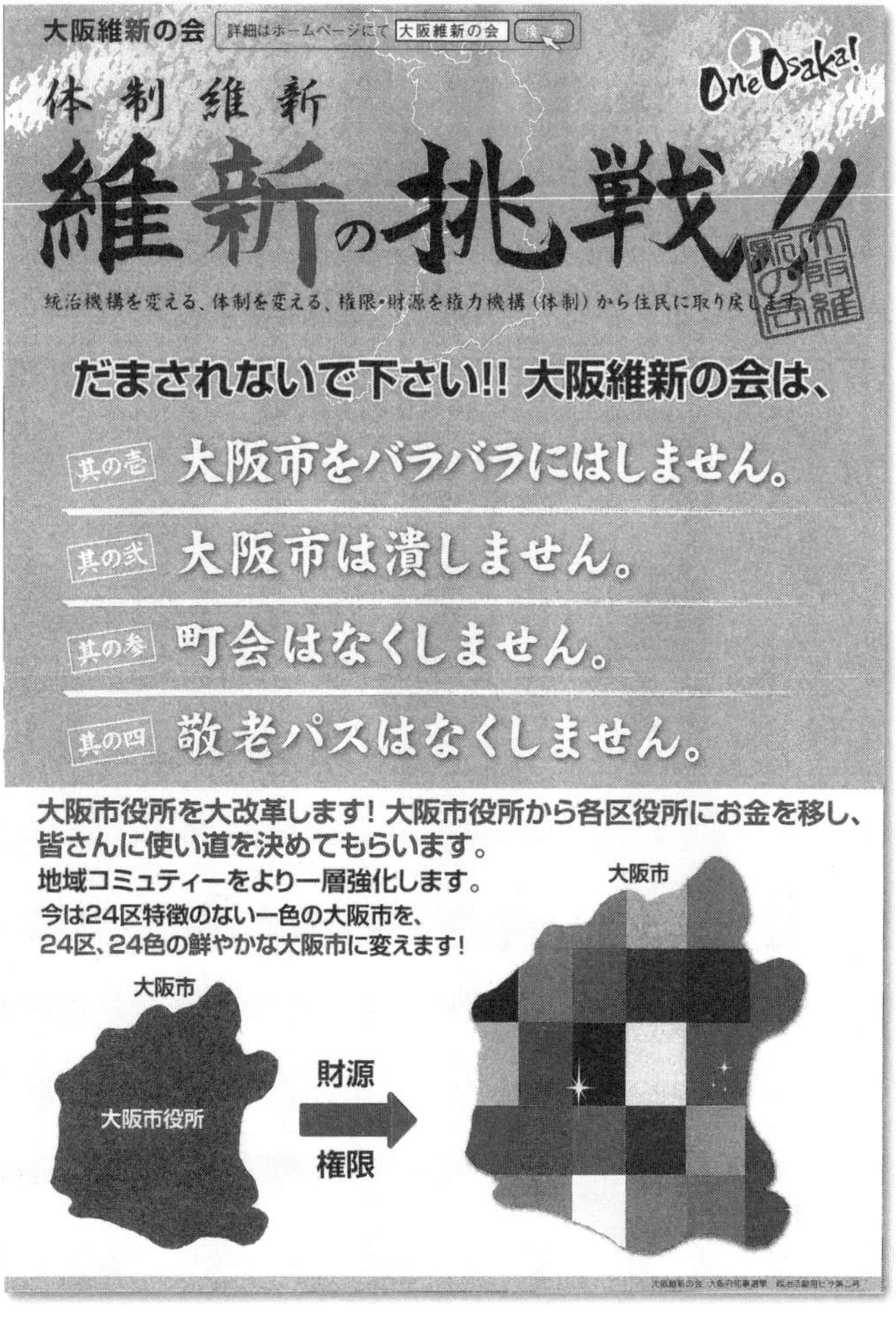

大阪維新の会
詳細はホームページにて 大阪維新の会 検索
One Osaka!
体制維新
維新の挑戦!!
統治機構を変える、体制を変える、権限・財源を権力機構（体制）から住民に取り戻します。
だまされないで下さい!! 大阪維新の会は、
其の壱 大阪市をバラバラにはしません。
其の弐 大阪市は潰しません。
其の参 町会はなくしません。
其の四 敬老パスはなくしません。
大阪市役所を大改革します！大阪市役所から各区役所にお金を移し、皆さんに使い道を決めてもらいます。
地域コミュニティーをより一層強化します。
今は24区特徴のない一色の大阪市を、
24区、24色の鮮やかな大阪市に変えます！
大阪市
大阪市役所
財源
権限
大阪市

図表21

また、橋下氏が、大阪市長選挙の際に示した公約の中には、「敬老パス維持――私鉄にも！」という項目が含まれていた。だが、2015年現在、無料だった敬老パス（敬老優待乗車証）は維持されていない。現行の「敬老優待乗車証」は、発行するだけで3000円（1年）、さらに1乗車につき50円を支払う制度になっている。ならば、橋下市長は、公約を実現できなかったことを詫びるべきであろう。しかし、現実は次のとおりである。

70歳以上の大阪市民が地下鉄・バスに無料乗車できる「敬老優待乗車証」（敬老パス）の一部有料化案について、橋下徹市長が23日、市議会委員会でその影響を尋ねられ、「（パスを使わず）歩くことで健康になる高齢者も出てくるのでは」と答弁した。……共産党の北山良三市議の質問に対し、「プラスになることもある。（パスのない）大阪府豊中市や八尾市のお年寄りは元気だ」などと答えた。（「読売新聞」2012年5月23日）

一事が万事、このような次第なのだ。ちなみに、「橋下市長のおかげで健康になる！」と大喜びした高齢者は、大阪市に何人くらいいたのであろうか。

9 "橋下劇場"の終焉後

2015年5月17日の大阪市住民投票の結果は、周知のとおり、僅差での否決であった。つまり、賛成票を投じた有権者も多かったということである。橋下氏が大阪府知事に就任してから7年以上も経った後、それでも多くの支持を獲得している原因は、いったい何なのか。

橋下氏や大阪維新の会による政治には、本書で取り上げてきたこと以外にも、多くの問題がある。思いつく限りを以下に列挙する。

・知事就任直後に自らの教育公約を机上の空論だと発言。
・警察官削減は反対意見続出で見送り。
・大阪府による赤字隠しの粉飾決算が発覚。
・統括区長の新設は空騒ぎで終焉。
・中学校への給食導入では苦情が殺到。
・保護者による教員評価は中途半端に立ち消え。

・クールジャパン戦略には応募企業がゼロである一方で、ブラック企業の1割が大阪府に集中という惨状。
・水道事業統合は実現せずに終焉。
・旧日本軍の従軍慰安婦発言によりサンフランシスコ市からは訪問を拒否される。
・住吉市民病院跡地への民間病院誘致では再公募を余儀なくされる。
・公立高入試では無理な日程の強行で採点ミスが頻発。
・教員採用試験でも応募者自体が減少。
・国政選挙期間中に殆ど登庁せず住民監査要求を起こされる。
・出直し市長選の6億円支出を市監査委員から問題視される。
・防災無線のデジタル化は都構想の煽りで進展せず。
・臨時府議会の招集拒否を総務大臣から「明らかに違法」だと非難される。
・公務員批判を繰り返す一方で維新候補の政治資金パーティーの案内を公用メールで送信した市職員には処分なし。
・街頭犯罪ワーストワン返上の圧力が府警の刑法犯過少報告を誘発した挙げ句、結局は2013年度もワーストワン。

等々、数え上げれば切りがないのだ。

それでも橋下氏や大阪維新の会が多くの支持を集め続けた背後には、間違いなく、メディアの影響がある。どれだけの情報が､正しく有権者に伝わっていたのか。いずれにせよ、メディアを通じて〈大阪都構想〉や橋下政治を持ち上げて来た者たちには、大阪市民に対して、その根拠を明白に示してもらう必要がある。この点だけは、絶対に譲れない。物事の是非は、事実に基づいた論理的な議論によって判断すべきだからである。

本書執筆さなかの8月8日、次のようなニュースが飛び込んで来た。住民投票から3ヶ月も経たないというのに、またもや前言撤回である。

維新の党の橋下徹最高顧問（大阪市長）は8日、大阪市内で開かれた大阪維新の会の会合で、大阪府と市を統合する「大阪都構想」について、「（住民投票の）一度の否決が決定的にすべてを結論づけるものではない」と述べ、再び実現を目指す考えを示した。（「読売新聞」2015年8月8日21：36）

橋下政治に対して、吉本興行元常務の木村政雄氏は、かねてより次のように述べていた。

これまで橋下市長は騒ぎを引き起こして存在感を示してきた……。最初から最後まで何かをやり通したことがあるのかと問いたい。パフォーマンスではなく、地道に実績を積み上げてほしい。（「毎日新聞」（大阪朝刊）２０１４年11月24日）

さすがはタレントに乗せられる側ではなく、タレントをマネジメントしてきた側の人物の発言だ。時に〝橋下劇場〟として持ち上げられてきた橋下政治は、〝見世物〟であるだけに、観客を盛り上げ、一時の〝夢〟を垣間見させてはきた。だが、芝居がはねた後は、観客は夢から覚め、個々の生活の場に帰っていかねばならない。首都圏で活躍する、いわゆる識者・文化人と言われる人々は、観劇の感想をレビューをものするのが生活の糧となるので、架空の現実について論評するだけで確かに事足りるのかもしれない。だが、タレントをマネジメントする立場から橋下劇場を眺めてきた木村氏は、その間の事情をよく見据えた上で、夢はいつかは覚めるという現実を良く心得ていたのである。

第四章　橋下政治の本性

1 虚言・詭弁・前言撤回

２０１５年５月17日以前の橋下氏は、いわゆる〈大阪都構想〉を推進する政治家だとされていた。ならば、５・17住民投票によってその看板政策が廃案となった後、いったい何が残るのか。推進する政策という外面を外した後に見られるのは、まさに政治家としての橋下氏の本性に他ならない。

それを知るために、まずは、住民投票当日の夜、否決という結果を受けた記者会見の場において橋下氏と松井氏が何を言っていたのかを思い出そう。

橋下氏――

僕が提案した大阪都構想、市民のみなさまに受け入れられなかったということで、やっぱり間違っていたということになるのでしょうね。

松井氏――

こういう結果を受けて、究極の民主主義で決まりましたから……。

橋下氏の口からは「間違っていた」という言葉が発せられ、松井氏は「民主主義で決まりましたから」と述べ、ともに敗北を認めている。もちろん、論理的に考えれば、多数決で負けた側が必ずしも間違っているわけではないし、住民による直接表決が民主的にベストな選択であるとは限らない。だが、少なくとも自分自身が「間違っていた」と認めた主張は撤回しなければならないし、自らが「究極の民主主義」だと言う手続きを経た結果には従わなければならない。

そもそも、橋下氏は、「僕が直接選挙で選ばれているので最後は僕が民意だ」と主張していた。つまり、多数票こそが正当性の根源だということである。となると、否決という投票結果が出た以上、「市民のみなさまに受け入れられなかったということで、やっぱり間違っていた」と認めるのは当然なのである。それが、一貫性というものだ。

同様に、以前から住民投票を「究極の民主主義」だと主張していた松井氏にしても、それによって下された結果は、究極の審判として受け入れるべきである。そうでなければ、明らかな詐欺ということになる。

いずれにせよ、いわゆる〈大阪都構想〉なるものは――橋下氏と松井氏が認めるとおり――2015年5月17日をもって死滅したのである。

実際、大阪維新の会の府議会議員団は、早くも住民投票の翌日、自分たちの会派名の「大阪維新の会都構想推進議員団」から「都構想推進」の文字を抜くことを決めた（「毎日新聞」〈大阪朝刊〉2015年5月19日）。そして、橋下氏が「関西維新の会」を設立すると語ったのが、「大阪維新の会は『大阪都構想』に代わる看板政策を模索中」（「毎日新聞」2015年7月5日）という中の7月4日であったこともまた、記憶に新しいところであろう。つまり、大阪維新の会にしても橋下代表にしても、いわゆる〈大阪都構想〉なる看板は、この時すでに捨てていたのである。

だが、すでに本書で繰り返し指摘して来たように、橋下氏は「前言撤回」の常習者である。という次第で、事態はやはり誰もが予想していた通りに展開してゆくことになる。

5年以上も一枚看板として掲げて来た〈大阪都構想〉に代わる目新しい売り物など、そう簡単に見つかるはずがない。その一方で、知事と市長のW選挙が11月に迫るという切羽詰まった状況だ。そうした中、8月8日になると、橋下氏は次のように言い出したのである。

維新の党の橋下徹最高顧問（大阪市長）は8日、大阪市内で開かれた大阪維新の会の会合で、大阪府と市を統合する「大阪都構想」について、「（住民投票の）一度の否決が決定

的にすべてを結論づけるものではない」と述べ、再び実現を目指す考えを示した。（「読売新聞」2015年8月8日）

まさに、橋下政治の本領発揮という他はあるまい。いつものことながら、目的は一つだ。目先の選挙に勝つためである。間違っていようが民主主義によって否決されようが、そんなことを何ら気にしないところが橋下氏の強さなのだ。とにかく、イメージ作戦やメディア戦略を駆使して選挙に勝てばいい。それが全てなのである。

しかも8月も終わりに近づく頃には、「バージョンアップ」なる空虚な言辞が飛び出すことになる。もちろん、その具体的な中身の説明は皆無である。これもまた、いつものことだ。

地域政党「大阪維新の会」の橋下徹代表（大阪市長）は29日、大阪府枚方市内の街頭演説の中で、大阪府知事、大阪市長のダブル選挙（11月22日投開票）で「大阪都構想」を掲げて戦う考えを表明した。維新の看板政策の都構想は5月の住民投票で否決されているが、橋下氏は「バージョンアップする」と都構想の制度設計を見直すことにも言及。ダブル選を通じ「バージョンアップさせてくださいということを府民に問いたい」とした。また、「選挙に勝てれば、そこからの4年間でバージョンアップさせたものを作る」とも述べ、4年後の府議選、大阪市議選で勢力を拡大し、住民投票を再び目指す考えをにじませた。（「産経ニュース」2015年8月29日）

しかしながら、数ヶ月前の橋下氏は、5月17日の住民投票に向けて「ラストチャンス」だと連呼しながら賛成を煽っていった。大阪維新の会が頒布したビラにも、「大阪を変えられるのは、このワンチャンスだけ」、「明日の住民投票ですべてが決まります」、「大阪がひとつになるラストチャンス」等々と明記されていたのである。その手法は、まるでスーパーの店内アナウンスの「本日限りの大特価！」や「午後4時までのタイムサービス！」といった具合であった。

確認しておこう。橋下氏は、「ワンチャンス」、「ラストチャンス」、「すべてが決まります」と喧伝し続けていたのだ。さらに言えば、そもそも「バージョンアップ」が必要な構想なのであれば、「ラストチャンス」などと煽る前に、初めからもっと時間をかけて案を練ればよかったのである。だが、聞こえて来るのは、またもや詭弁としか言いようのない発言であった。

図表22　大阪維新の会が頒布したビラより

橋下徹大阪市長は3日、「大阪都構想」の実現に再挑戦する考えを記者会見で初めて表明した。5月の住民投票では「大阪が変わるラストチャンス」と連呼して賛成を呼び掛けたが、「『ラスト』とは、都構想以外では二重行政はなくならない、唯一という意味だ」と弁明した。……「全部否定されたわけではない。『ラストチャンスと言ったんだから二度とやるな』と言うのは政治を知らない人の意見。ダブル選で有権者の意思が出ればバージョンアップをやるべきだ」と述べた。……ただ、政界引退の意向は変わらないとし、「次の知事、市長にやり遂げてもらいたい」と語った。（「毎日新聞」（大阪朝刊）2015年9月4日）

ここまで来ると、もう政策の問題ではない。橋下氏は、政治家として信頼するに値しないのだ。正常な精神の持ち主なら、「ワンチャンス」、「ラストチャンス」、「明日の住民投票ですべてが決まります」と言われれば、二度目はないと受け取るだろう。[(1)] だが、橋下氏によると、それは「政治を知らない人の意見」だということだ。これが、橋下氏の政治手法

(1)「広辞苑」（第六版）によると：ラスト【last】①最終。最後。「――チャンス」②ラストシーンなどの略。

である。すなわち、どんなに説明が覆ろうが、手続き論に不備があろうが、ただ最終的に票を集めて選挙に勝てばいい（もちろん、これまで圧倒的な力を見せて来た橋下人気を背景にしていることは言うまでもない）というわけである。次の記事を読めば、そのことが明白に理解できるであろう。

大阪市を廃止し、5つの特別区に分割する「大阪都構想」への賛否を問う住民投票（17日投開票）について、大阪維新の会代表の橋下徹大阪市長は7日、「何度もやるものではない。1回限り」と述べ、賛成多数にならなかった場合には都構想を断念する考えを示した。市役所で記者団の取材に答えた。（「産経ニュース」2015年5月7日）

これは、住民投票の10日前の発言である。橋下氏は、住民投票を「1回限り」と明言していたのだ。さらに、大阪維新の会のウェブサイトを見れば、「ラストチャンス」が「最後のチャンス」という意味であったことは明白である。

2 無責任の連鎖

いわゆる〈大阪都構想〉を再び持ち出すことが、いったい何を意味するのか。そのことは、橋下氏自身が発した言葉の中に読み取ることが出来る。住民投票当日夜の記者会見で語られた内容を、よく思い出してみよう。

これだけ多くの税金を投入してこの大阪都構想をずっと進めてきたわけです。……最後こういう結論になりましたけど、これはちょっとあまりにも納税者のみなさんに対して失礼な言い方かもわかりませんが、本当に政治家冥利に尽きるいろいろな活動をやらさせてもらいまして、本当にありがたく思っています。税金を使っているということに関してですね、その点、お詫びといいますか、感謝といいますか、そういう思いも持ちながら、本当にありがとうございましたということを市民のみなさんに言いたいです。……こういう住民投票の結果で辞めさせてもらうと言わせてもらうなんて、本当に納税者のみなさんには申し訳ないですけど、大変ありがたい……。

先述のとおり、橋下氏は、すでに9月4日、いわゆる〈大阪都構想〉への再挑戦を表明し、「僕が2、3年でやったプロセスを今度は4年かけてやるべきだ」（「毎日新聞」（大阪朝刊）２０１５年9月4日）と主張している。だが、記者会見で語った内容に照らせば、再挑戦など暴挙に他ならない。それは、「多くの税金を投入」させて「申し訳ない」と「詫び」た行為を、さらに4年間も続けるということに他ならないからである。

橋下氏は、自分が「政治家冥利に尽きるいろいろな活動」をするために「これだけ多くの税金を投入」したと認めている。そして、自らの活動が「間違っていた」ことも認めている。だからこそ、それに対して「お詫び」や「感謝」を表明したのではなかったのか。ところがこうなってはもう、あの「お詫び」もまた、結局、一過性のものでしかなかったと言わざるを得ない。

さらに言えば、橋下氏は、住民投票運動の宣伝資金にも、多額の政党助成金を費やしていた。これまた、出所は税金である。結果的に大阪市民の賛同を得られなかった政策に対して、まさに「これだけ多くの税金を投入」して来たのだ。そして、「多くの税金を投入」した顛末は、周知のとおりであろう。要するに、いわゆる〈大阪都構想〉への再挑戦とは、もう一度、自分の活動のために「多くの税金を投入」するということに他ならないのである。これほど「納税者のみなさんに対して失礼」で無責任な態度はあるまい。

無責任な前言撤回は、それだけではない。もう一つ、橋下氏が住民投票当日の記者会見で語った内容を、よく思い出してみよう。

政治家はやりません。弁護士やりますから。市長任期まではやりますけども、それ以降は政治家はやりません。これはもう前から言っていたことです。

住民のみなさんの考えを汲み取れてなかった、これは政治家としての能力が一番欠けているところです。だから運転能力のない者がハンドルは握っちゃいけないわけで、それがまずひとつですね。

僕みたいな政治家は、ワンポイントリリーフです。

僕みたいな政治家が長くやる世の中は危険です。

僕みたいな敵を作る政治家が、ずっと長く政治をやるなんていうのは世の中にとって害悪です。

8年前は僕みたいな政治家が必要だったのかもわかりません。でも今はそうではない……。


自分自身がそう明言している以上、橋下氏は、単なる政治家引退に留まらず、二度と政治に口を挟むべきではないということになろう。しかし、住民投票後も、橋下氏は、大阪維新の会の代表として、政治の「ハンドル」は握り続けている。例えば、次のような次第である。

維新の党を離党した橋下徹大阪市長は29日、同党の「大阪系」議員らによる新党を年内に結成する意向を明言した。全国規模で国政選挙の候補者を新たに擁立する考えも示した。橋下氏に近い大阪系議員と、非大阪系の対立が続いてきた野党第2党（衆参両院議員51人）の維新の分裂は不可避の情勢となった。……橋下氏は27日に離党した際、維新の党幹部にメールで「党を割らない」と伝えていた。突然の新党結成明言は整合性が問われそうだ。（「中国新聞アルファ」2015年8月30日）

このような形で政治に首を突っ込んでは、「世の中にとって害悪」な行いを続けているのだ。実際、二日前には「党を割らない」と言っていたのに「突然の新党結成明言」を出し、「整合性が問われそうだ」と指摘されるのは、政治家として誉められたことではあるまい。

3 政治家引退宣言の一方で燃やすほの暗い〝リターンマッチ〟の情念

なるほど、橋下氏が宣言したのは市長任期満了後の政界引退であって、たとえ「政治家としての能力が一番欠けてい」ようとも、それまでは政治のハンドルを握り続けるという主張も成り立つかもしれない。だが、それもまた怪しいのだ。9月3日、来夏の参院選出馬の可能性を問われた橋下氏は、「将来のことを言うのはやめる。自由にする」と話し、将来的な政界復帰に含みも持たせているからである。(「産経ニュース」2015年9月4日)

そして、その12日後、橋下氏の「将来のこと」を明らかにしたのは、大阪維新の会の松井幹事長であった。

松井一郎幹事長（大阪府知事）は、任期満了（12月18日）での政界引退を表明している橋下徹大阪市長について「日本の政治の舞台に必要な政治家だ。ちょっとの間、休憩する」と述べ、将来的に復帰するとの見通しを示した。松井氏は、新党結成など最近の橋下氏の行動を引き合いに「これだけ世間が大騒ぎする政治課題をばんばん打ち上げているのは、政治に興味と関心があるということだ」と強調。……ラグビーにたとえて〝休憩〟の意味を説明した。(「産経ニュース」2015年9月15日)

またもや、多くの人々が予想したとおりである。「最近の橋下氏」は、引退どころか、「世間が大騒ぎする政治課題をばんばん打ち上げている」のだ。そして大阪維新の会の幹事長である松井氏が予言したとおり、以前に明言した「引退」は、「ちょっとの間、休憩する」

という意味にすりかわっているのが現状なのだ。
だが、橋下氏や松井氏の無責任は予想できたものであるが、さらに危険なのは、橋下氏や松井氏らの著しく一貫性に欠ける詭弁を直視せず、他人事のごとく気楽に論じる言説の存在である。無責任な言辞は、連鎖的に危険な世の中を用意してゆく。たとえば、本書でも何度か批判してきた国際政治学者の三浦瑠麗氏は、先出の記者会見を受けて、次のように述べているのだ。

実に晴れがましい表情をしていた。大阪都構想の是非を問う住民投票において僅差で敗れた橋下大阪市長のことである。……会見では、選挙期間中の発言どおり、年末の任期満了を持って政治の世界から引退する意思が表明された。……橋下氏からは、細かい敗因の分析も、恨みごとも聞かれなかった。本人の言のとおり、やりきった人間の潔さであろう。……今回の住民投票を通じて、直接的に問われたことがそれほど大きなことであったとは思わない。広域行政と住民投票（※ママ）を進めていくための役所の枠組みを、前者は大阪都に、後者を5つの特別区に再編するということである。(1)

この短い所感では、以下の4点が述べられている。「大阪都構想の是非を問う住民投票」、

「（敗者の弁を語った橋下氏の）やりきった人間の潔さ」、「住民投票を通じて問われたことはそれほど大きなことではない」、「役所の枠組みを、前者は大阪都に、後者を5つの特別区に再編するということ」である。だがそもそもこういった短い所感にさえ、根本的な認識不足が紛れ込んでいるのだ。

繰り返すが、「大阪都構想の是非を問う住民投票」など、この世に存在しなかった。住民投票で「直接的に問われた」のは「特別区設置協定書」に対する賛否であり、そこには「大阪都」や「都構想」という文字は一度たりとも登場しない。もちろん、住民投票の結果がどうであれ、広域行政を担う「役所の枠組み」が「大阪都」になるわけではない。しかも、大阪市を廃止して特別区に再編するというのは、紙の上に描くのは簡単でも——先に指摘したとおり——実際に行うのは極めて困難である上、メリットに乏しく、莫大な費用と時間を必要とするのだ。それが、なぜ「それほど大きなことであったとは思わない」などと言えるのか。住民投票以前でさえ、大阪市民は「これだけ多くの税金」を使われて来たのである。

三浦氏は、「むしろ、今回の住民投票の意義はその象徴性にあった」と主張するが、それ

(1)「大阪都構想　影響が大きい『政治論としての』敗北」「iRONNA」2015年5月18日。

は具体的な中身が空虚だということの裏返しでしかない。だいたい、大阪市で実際に生きる人間が空虚な〈構想〉に巻き込まれ、そのために「多くの税金」が費やされることが、いったい何の象徴だと言うのだ。大阪市に暮らす約270万人の生活は、それほど軽いものではない。

三浦氏は、それらのことを全て知ってか知らずか、いずれにせよ考慮に入れず、あたかも他人事のごとく、橋下氏に対して「実に晴れがましい表情」だとか「やりきった人間の潔さ」などといった評価を与えているのだ。

加えて、最近の事態を直視すれば、誰がどう考えても、橋下氏に「潔さ」など微塵もなかったことが理解できよう。そこにあるのは、晴れがましさでも潔さでもなく、空虚で軽い言葉と態度なのである。

4 意図的な「大阪戦略会議」潰しの自作自演

大阪維新の会が提案した大阪市の廃止分割構想が、まさに大阪維新の会が主張したとおりの決め方で否決された以上、橋下市長も松井知事も、これからは他党の意見にも大いに耳を傾けるべきである。この件に関しても、住民投票当日夜の記者会見の場において、橋下氏が何と言っていたのかを思い出そう。

まずは自民党、民主党、公明党、共産党のみなさんに、こういう結論がでましたので、ぜひ話し合いをさせてくださいと、いうことをお願いしたいと思います。いまいろいろな課題、なかなか議会で進んでいないところありますけど、出来る限り任期満了までに進めるものは進めていきたいと。自民党、民主党、公明党ですかね、新しい改正自治法で「総合区」という制度を使って、もっとこの住民のみなさんに身近な行政を行うために提案がありましたから、そういうことについても、維新の会の市議団のみなさんとも議会で議論してもらってですね、少しでも前に進めればいいと思っています。

橋下氏は、「自民党、民主党、公明党、共産党のみなさんに、こういう結論がでましたので、ぜひ話し合いをさせてくださいと、いうことをお願いしたい」と述べていたのだ。これはあたかも、ラグビーでいう「ノー・サイド」のごとく、これまで自らが煽ってきた対決に終止符を打つような発言であった。大阪維新の会と他会派の対立、さらには大阪市民を二分した亀裂などを修復するため、敗者が潔く矛を収めたという雰囲気が醸し出されたのである。ならば、少なくとも一度は、自民党などが都構想に代わる対案として示した

「大阪戦略調整会議（大阪会議）」に道を譲り、その中で「話し合いをさせて下さい」と願い出るのだ筋であろう。

橋下氏は、権限の強い自治体——大阪府と大阪市——が二つあるのは無駄なので、一方を潰すべきだと主張して来た。これに対して、自民党などは、多大な費用と時間をかけて役所の仕組みを変えたところで問題は解決せず、むしろ大阪府、大阪市、堺市が互いに話し合い、協調することが大切だと訴え、「大阪戦略調整会議」を提案したのである。

ところが、大阪維新の会および橋下代表は、大阪戦略調整会議の設置だけは認めたものの、実際には、その運営を妨害するような行為に終始していると言わざるを得ない。その目的は、他党の政策が成果を生むことを阻止するためとしか考えられないだろう。

大阪会議の会長には、府議会第一党の大阪維新の会から今井豊氏が就任したが、橋下氏は「今井会長が議題を選ぶ権限を持つことを確認するよう要求」（「朝日新聞ＤＩＧＩＴＡＬ」２０１５年8月13日）したのである。もちろん、そんな議事運営では各自治体や各党派の意見調整などできない。特定会派に所属する府議会議員が議題を選ぶ権限を持つのでは、大阪市や堺市の立場や他会派の主張が反映され難いからである。かくして、せっかくの会議が、次のような事態に陥ってしまった。

大阪府、大阪市、堺市の首長と議員が広域行政課題を話し合う「大阪戦略調整会議」（大阪会議）の第2回会合は13日、自民党と共産党などが欠席し、開催に必要な定足数を満たさず流会となった。自民は事前に大阪会議の運営ルールを定めた規約案を修正するよう、今井豊会長（大阪維新の会府議）に調整を求めたが、応じてもらえなかったとして〝ボイコット〟。維新代表の橋下徹大阪市長は「大阪会議は死滅した」と反発し、会議はますます暗礁に乗り上げた。……欠席した理由について、自民は「（今井会長は）他会派との調整を何一つ行っていない。われわれの申し入れを一切無視した」としており、抗議の意味を込めてボイコットした。……竹山市長は「会長には各会派の主張を事前にしっかり調整して、実りのある議論ができる場となるよう努めてほしい」とのコメントを出した。（「大阪日日新聞」２０１５年8月14日）

橋下氏は「大阪会議は死滅した」と言い張るが、実際には――自民党の花谷充愉府議が指摘するとおり――「橋下市長や松井知事は会議を殺しにきた」（「朝日新聞ＤＩＧＩＴＡＬ」２０１５年8月13日15：12）のである。それでも、大阪維新の会を除く各会派は、府議会での条例改正によって正常な会議運営を図ろうと努力した。そして、その改正案は、9月2日、自民党、公明党、共産党、民主党の賛成によって一旦は可決されたのだ。しかし、それもまた、松井知事の再議権発動によって潰されてしまったのである。なお、「松井知事による再議権行使は2011年の就任以来7回目」（「毎日新聞」（大阪朝刊）2015年9月3日）となる。

大阪府と大阪市、堺市の首長と議員の計30人でつくる「大阪戦略調整会議」（大阪会議）の設置条例の改正案が2日、大阪府議会本会議で、自民など大阪維新の会以外の賛成多数により、いったん可決した。しかし松井一郎知事（大阪維新の会幹事長）が再議（議論のやり直し）を求め、再び採決をした結果、廃案になった。……再可決には出席議員88人の3分の2（59人）の賛成が必要だが、大阪維新以外の4会派計45人の賛成にとどまり、廃案となった。再議の採決前には、廃案を避けるため、自民が改正案を見直す考えを示し、松井氏との会談を求めたが、断られる一幕もあった。（「朝日新聞DIGITAL」2015年9月3日）

5 そして、ゾンビ復活！　対案要求を迫るというシナリオ

橋下氏は、5月17日、「自民党、民主党、公明党、共産党のみなさんに、こういう結論が

でましたので、ぜひ話し合いをさせてくださいと、いうことをお願いしたい」と明言していたはずである。だが、実際には、話し合いの舞台に上がる階段を外そうと躍起になっているとしか思えない。にもかかわらず、大阪会議（大阪戦略調整会議）は機能していないとし、果ては、それを理由に〈大阪都構想〉の再挑戦を口にするのである。

大阪維新の会幹事長の松井一郎大阪府知事は28日、府庁で記者団に対し「二重行政を解消するため、大阪の政治を変えていくため、都構想に再挑戦する」と語り、11月22日投開票の大阪府知事選、大阪市長選のダブル選で、5月の住民投票で否決された大阪都構想を再び公約に掲げることを明らかにした。松井氏はこれまで、都構想の対案として自民党の提案で設置された「大阪戦略調整会議」が運営方法などを巡り紛糾していることについて「全く機能しない」などと繰り返し批判してきた。この日も「府と大阪市の二重行政をなくし、豊かな大阪をつくるのを公約に掲げてきた。大阪会議が成り立たない中で、都構想に再挑戦するのが我々の使命だ」と述べた。「否決からわずか3カ月での再掲は時期尚早ではないか」との指摘に対し、「大阪会議が機能しない中で、どうやって二重行政を解消するのか」と都構想しか解決方法がないと強調した。（「毎日新聞」（大阪朝刊）2015年8月28日）

この経緯もまた、橋下氏と彼が率いる維新政治の本性を如実に示している。たしかに、大阪会議は機能していない。したがって、成果も産み出していない。だが、多くの有権者は、大阪会議が機能不全に陥っている原因まで詳しく知らないだろう。橋下氏や松井氏の狙いは、そこにある。その手口は、自作自演に他ならない。一方では大阪会議を機能不全に陥らせ、他方では「大阪会議が成り立たない中で、都構想に再挑戦するのが我々の使命だ」、「大阪会議が機能しない中で、どうやって二重行政を解消するのか」と騒ぎ立てながら巧みに情報を操作し、二重行政の解消という自作自演の問題設定を再宣伝するというわけである。

橋下政治においては、全てが手段であり、中身の議論が後回しになるのはこれまでも確認してきたところである。その場合、大阪にとって何が正しい選択なのかといった、本質的な認識が置き去りにされる。自称〈大阪都構想〉の議論がまさにそうであった。問題点も解決策も一方的に自分で創作し、高々とアドバルーンを上げ、〝橋下劇場〟を派手に演出してマスコミの注目を集めながら、全てを自己宣伝に利用するのだ。その一方で自らに異論を唱える勢力には、「対案を出せ！」という挑発を反復することで、狡猾に本質的な議論を遠ざけながら、あたかも自分こそが改革者であるようなイメージを作り上げるのである。もちろん、対立する側からすれば、本来は橋下氏が自分用に作った舞台に上がる義務などない。それでも、マスコミの注目度や橋下氏の大衆的人気、さらには大阪維新の会の議会内勢力などに押され、否応なく橋下劇場に巻き込まれてしまう。その挙句、「対案を出せ」という同語反復への対応に迫られるのである。

だが、対案を求められた側は、小さな問題には小さな解決策しか示せないし、存在しない問題には解決策を示すことができない。さらに、問題そのものを勝手に引き起こされた場合は、解決策を示す筋合いさえないのだ。実際のところ、何の「対案」も持っていないのは、大阪維新の会の方である。結局のところ、他党からの疑問や指摘には何も答えず、ただ「二重行政の解消……」という同じ標語を一方的に復唱しているだけなのだ。

次の例などは、その典型であろう。

松井一郎知事（大阪維新の会幹事長）は、今月末開会の府議会に、府・大阪市がそれぞれ管理する研究所や港湾を統合する条例案を提出する方針を固めた。これまでの府議会で、自民などの反対で否決されていた。維新は「二重行政解消」に積極的な姿勢を打ち出し、11月の知事・大阪市長のダブル選で争点にする狙いがある。……これに対し、自民や公明などは、過去の府・市議会で「研究所は分野と支援内容が違い、二重行政ではない」「港湾は、神戸港などとの一元化も考えなければ意味がない」などと反対を貫いてきた。今回も「過去に否決された内容とまったく同じで、議会に失礼だ」（花谷充愉・自民府議団幹事長）などと反発を強めている。（「毎日新聞」（地方版）2015年9月10日）

以上が、5・17住民投票でいったんは〈大阪都構想〉が死滅したと思いきや、ゾンビのように墓場から蘇ってきた経緯である。詳しく見れば分かるとおり、大阪維新の会および橋下代表は、議会で否決されようとも、住民投票で否決されようとも、結局は同じ主張を繰り返してばかりいるのである。逆に言えば、レーゾン・デートルである〈都構想〉を唱え続ける以外、他に何もないのだ。それならば、他党の意見を受け入れるか、さもなければ早く退場すべきであろう。橋下氏自身、「8年前は僕みたいな政治家が必要だったのかもわかりません。でも今はそうではない」と認めているのだから。

6 最後に見えた本性

もし大阪市の廃止分割が実施されていれば――推進側からの試算でも――初期費用に600億円、長期ランニングコストに年間20億円が必要だとされていた。大阪市民は、辛くも、この巨額負担から逃れたのである。だが、逃れたのは将来的に請求される支出だけであって、橋下氏が「これだけ多くの税金を投入」したと言う過去の損失は、もう返って来ない。そうした中、新しい大阪市長を決める選挙が告示されるまで約２ヶ月半となった頃、次のような事実が報道された。

大阪市水道局が水道記念館（大阪市東淀川区）で飼育する国の天然記念物のコイ科淡水魚「イタセンパラ」約８００匹が全滅の危機を迎えている。橋下徹市長の意向による予算削減で繁殖事業が中止されたためで、数年内には姿を消す可能性が高く、保全関係者の懸念は強い。……環境省のレッドデータブックは絶滅危惧種に指定している。……市の広報費削減の一環で記念館が12年に休館。展示も中止され、橋下市長は「水道局がやることではない」と指摘。今年から繁殖事業もしないという。……寿命は１～２年とされ、数年後には全滅する見通しだ。（「毎日新聞」（地方版）２０１５年9月4日）

橋下氏は、現在の市長任期満了後に政治家を引退すると宣言している。少なくとも、11月の市長選挙に立候補することはないだろう。そうであるならば、あと数10日の任期は、市長としての総仕上げをすべき時間のはずである。やり残していることは、何なのか。それは、後継に道を譲るための周辺整理をすることであり、次世代に何かを残すことである。少なくとも、国の天然記念物であり、絶滅危惧種でもあるイタセンパラを全滅させることではないのではなかろうか。

橋下氏は、「これだけ多くの税金を投入してこの大阪都構想をずっと進めてきたわけです」、「本当に納税者のみなさんには申し訳ないです」と認めた。それにも拘わらず、さらなる税金を投入してまで〈大阪都構想〉への再挑戦だと言っているのだ。それればかりか、同じ頃の2015年8月には、御堂筋にF1カーを走らせるとか、そんなことまで言っていたのである（カジノとかこういう景気のいい話が好きな人ではある）。そして、その一方で「橋下徹市長の意向による予算削減」によって、イタセンパラは全滅させられようとしているのである。思い出せば、橋下氏の発言や態度には、破壊的な含みを持つものが多かった。

「霞ヶ関をぶっ壊す。市役所を倒す。既得権益を全部壊す。民主政権を倒すしかない。納税者をナメた連中を潰す」

と、「潰す。壊す」と唱え続け、事実、【国際児童文学館、大阪キッズパスポート、赤バス、無料敬老パス、こどもの家事業、城北市民学習センター、弁天町市民学習センター、大阪市政だより、大阪市広報掲示、水道水飲料ほんまや、なにわの海の時空館、渡辺邸、雑誌『大阪人』といった、大阪人の身近な文化財・施設、公共サービスなどを実際に葬り去った。文化の意味を考えるよりも、全て採算性を優先させる発想から、文楽の補助金打ち切りで世間を騒がせたのも記憶に新しいところだ。

そして、最後の最後に、天然記念物の「全滅」を置き土産に、市長の座を去ってゆくというのである。だが、次の大阪市長となった人物はそれだけでは済まされない。その任期中は、大阪市廃止未遂の残骸を拾い集めることに追われてしまうだろう。

結局のところ、橋下徹氏という政治家は、いったい何者だったのか。その正解は、橋下氏自身の言葉に委ねよう。

僕みたいな政治家が長くやる世の中は危険です。

僕みたいな敵を作る政治家が、ずっと長く政治をやるなんていうのは世の中にとって害悪です。

真実を確認しておこう。御本人が明言したところによると、橋下徹氏は、長くやるより早く辞めるべき政治家であり、さもなければ世の中を「危険」にさらす「害」と「悪」でしかないのである。

結びにかえて

私は、そろそろ筆を置くことになる。だが、この時点においてさえ、大阪での事態は進行中であり、非常に流動的でもある。まだ、真の意味での「結び」や「終わりに」を書くことはできない。今後の趨勢は、ひとえに2015年11月22日に行われる大阪W選挙の結果にかかっているのだ。投票日が近づくにつれ、橋下氏らの動きも慌ただしくなってきた。実際、10月1日には橋下氏や松井氏らが記者会見を開き、これまで地域政党だった「大阪維新の会」を母体に、国政政党として「おおさか維新の会」を結成すると正式に発表したのである。その席において、橋下氏は、開口一番、次のように述べている。

先月の末ですかね、ちょっといろいろ維新の党とですね、いろいろありまして、離党することになりました。その際に、「今は党を割るようなことはしない」ということを維新の党の国会議員向けにメールを出したことは間違いありません。ただそれはですね、9月中は日本の国にとって、非常に重要な安全保障の、その法案ですね、これについての審議もありますので、9月の国会中は党を割ることはしないと。まあその思いがあり、今は党を割ることはしないということを国会議員、維新の党の国会議員にメールをしました。まあ言った通り、僕は今に至るまで維新の党を割ってはおりません。ただこれからはですね、大阪府知事選挙、大阪市長選挙のダブル選挙もありますし、何と言っても現維新の党が偽物の維新になってしまいましたから、もう一度本物の維新をつくる必要があります。

御本人の弁によると、橋下氏らは、「大阪府知事選挙、大阪市長選挙のダブル選挙」があるので、「もう一度本物の維新をつくる必要」に迫られたがゆえに——大阪維新の会を母体に——「おおさか維新の会」を結成するということである。しかしながら、大阪市民の立場からすると、この説明は何とも分かりにくい。そもそも、大阪W選挙に向けた体制づくりなのに、なぜ国政政党の結成なのか。さらには、国政政党なのに、なぜ「おおさか」なのか。なるほど、後者の疑問に対しては、すでに9月15日の時点で、橋下氏自身が次のように説明していた。

新しい国政政党の名称は「おおさか維新の会」にしたい。この「おおさか」は、地名を示すのではなく、大阪でやってきた改革の実績を示すものだ。改革の精神を受け継ぐ政

党としての名称だ……。(「ＮＨＫニュース」２０１５年９月16日)

つまり、「おおさか維新の会」の「おおさか」は地名を示すものではなく、「実績」や「精神」を示すものであるから、国政政党の名に冠してもおかしくないということらしい。たしかに、それだけを聞けば筋が通っているようにも感じられよう。しかしながら、この時期に新党を結成する理由は、「大阪府知事選挙、大阪市長選挙のダブル選挙もありますし」ということだったはずである。となると、大多数の有権者は、「おおさか維新の会」の「おおさか」は地名だと受け取るに違いあるまい。あるいは、敢えて新党を結成するのに、なぜ一部の漢字を平仮名に変えただけの名前を付けるのだろうか。これでは、以前と代わり映えせず、新党だという認知さえ広まりにくいであろう。要するに、新党なのに漢字の一部を平仮名表記に変えただけ、国政政党なのに「おおさか」、「おおさか」なのに地名ではないということなのだ。まあ、それはそうとして、10月６日には、「毎日新聞」が下記のような記事を配信している。

維新の党分裂に向け執行部と大阪系の協議が大詰めを迎えている。橋下徹大阪市長が旗揚げする新党「おおさか維新の会」に参加意向の馬場伸幸前国対委員長は４度目となる

6日の協議での決着を求めている。だが、政党交付金の分配などを巡る溝は深く、泥仕合の様相を呈している。同党の今年の政党交付金の残額は約13億円。「分党」なら人数に応じて分配されるが、松野頼久代表ら執行部はこれに応じない方針。

これまでの「大阪維新の会」は、「維新の党大阪府総支部」という位置づけであった。形式上は、国政政党の一支部だったわけである。そうである以上、国庫からの政党助成金を直接受け取ることはできない。さらに、今年度の政党助成金の配分を得るためには、単なる分派によって国政政党をつくるのではなく、維新の党からの「分党（分割）」という形にしておく必要がある。具体的に言えば、一部の議員が「維新の党」から分派して出てゆくという形ではなく、「維新の党」を解散して二つの新党に分割するという形式にしなければならないのである。だからこそ、「おおさか維新の会」は、何が何でも国政政党だということにせざるを得ないのであろう。

だが、橋下氏によると、新党結成の直接的な目的は、「大阪府知事選挙、大阪市長選挙のダブル選挙もありますし」という点から出てきたということである。つまるところ、大阪でのW選挙に照準を合わせて新党を立ち上げたということなのだ。となると、大阪での選挙が近い中、党名から「大阪（おおさか）」を外すのは得策ではなかろう。かくして、国政政党たる「おおさか維新の会」なるものが登場したのだ。大阪での選挙に勝つ目的で国からカネをもらうには、これが最も合理的な作戦だということになろう。潔く分派して身を切ったのでは、政党助成金が入らない。国政進出を前面に打ち出せば、大阪で身を切ってしまう危険性がある。結局、橋下氏らによる新党結成は、何が何でも既得権益を堅持し、自分たちの身を守るための改革だと言われても仕方あるまい。ちなみに、10月7日付の「毎日新聞」（大阪版）朝刊には、次のような記事が掲載されていた。

配っていない政策ビラの印刷や配布代金名目で政務活動費を支出したとして、堺市の小林由佳（よしか）市議（37）＝大阪維新の会、北区＝が、2011～14年度の政活費約285万円を返すと市側に伝えていたことが分かった。不審に思った市民が9月、約956万円の返還を求めて住民監査請求していた。市などによると、小林氏は11～12年度にビラを配る名目で雇ったアルバイト代として政活費から支払った約85万円と、はんこの作成代約6500円の返還手続きも取ったという。……これとは別に小林氏は昨年、政活費から支払った政策アドバイザーの人件費についても市監査委員から13年度分247万円を返すよう勧告を受け、返還した。

ともあれ、「おおさか維新の会」にとって、大阪W選挙の結果は死活問題であるに違いない。実際、5月の住民投票で敗れた挙げ句、11月のW選にも破れ、橋下代表が政界を引退するとなると、作ったばかりの新党の存在意義さえ極めて怪しくなってしまう。そして、11月22日の大阪W選挙は、たとえ本人が候補者ではないにせよ、橋下氏に対する人気投票や信任投票のような性格を少なからず持つことになるだろう。橋下徹氏という政治家を、大阪の有権者がどう評価するか。これが、大きな争点の一つなのである。なお、御本人によると、「僕は知事になってから今に至るまで、国民に約束したことはウソをつかずにやってきた」（「赤旗」２０１５年10月4日）ということらしい。この発言には、政治家としての橋下氏の本性が現れている。もちろん、大阪W選挙における有権者の判断は、未だ予断を許さない。だが、歴史は事実を見逃さないだろう。

薬師院仁志（やくしいん・ひとし）

1961年大阪市生まれ。京都大学大学院教育学研究科博士後期課程中退（教育社会学）。京都大学教育学部助手を経て現在帝塚山学院大学教授（社会学）。主な専攻分野は、社会学理論、現代社会論、民主主義研究。主な著書に『禁断の思考:社会学という非常識な世界』、『地球温暖化論への挑戦』（以上、八千代出版）、『民主主義という錯覚』（PHP 研究所）、『社会主義の誤解を解く』、『日本語の宿命』、『日本とフランス 二つの民主主義』（以上、光文社新書）など。

政治家《せいじか》・橋下《はしもと》徹《とおる》に成果《せいか》なし。

2015年 11月19日発行

著　者　薬師院仁志
発行人　佐久間憲一
発行所　株式会社牧野出版
〒135-0053
東京都江東区辰巳1-4-11　STビル辰巳別館５F
電話 03-6457-0801
ファックス（ご注文） 03-3522-0802
http://www.makinopb.com

印刷・製本　株式会社 光邦

内容に関するお問い合わせ、ご感想は下記のアドレスにお送りください。
dokusha@makinopb.com
乱丁・落丁本は、ご面倒ですが小社宛にお送りください。
送料小社負担でお取り替えいたします。

ISBN 978-4-89500-197-7